新書y
334

先生、この「問題」教えられますか？

教育改革時代の学びの教科書

石川一郎
矢萩邦彦

JN230595

洋泉社

はじめに

「次のステージに行きたい」――石川一郎

今の自分の偽らざる教育への思いです。学校改革、アクティブラーニングの導入、ICTの活用、大学入試改革と近年、教育界はかつてない変化を迫られており、多くの教育関係者は日々話し合い、教育のあり方を模索しています。自分もその流れのなかで立場を変え、3冊の本を書き、多くの教員研修や講演を行なってきました。世の中をみるとその流れは大きなうねりとなってきているのは事実です。しかし、それは未来を生きていく若者にとって十分なものか。保護者の方々はどのように感じているか。そこに視点を置いてみると、決して満足のいく状態だとは言えません。

この本は、次のステージにいくための問題提起の書として、現場に関わり続けながらミドルアウトな実践をする代表選手でもある矢萩さんと書かせていただきました。自分のパートとして、第2章では、東京大学の入試問題を取り上げ、実際大学ではどのような学力をもった学生を求めているのかを紹介するとともに、それと連動する中学入試の問題を取り上げました。第5章では、職員室の生の議論の様子を紹介しながら、カリキュラムのデザインをする重要性を語りました。第6章では、小学校から高校までの12年間を俯瞰して「未来からの留学生」に何が必要なのかを考えてみました。最後まで、お付き合いいただけると幸いです。

「教育界に競合はいらない」――矢萩邦彦

同じ理想や目的を持つ人が、年齢やキャリア、フィールドやポジションを越えて協働・共闘することができるのが、ネット社会の強みであることは間違いありません。そういう新しい社会に私たちは現在進行形で生きています。私は20年以上、教育・アート・ジャーナリズムの世界で活動してきました。そして、教育キャリアの多くを塾や予備校などの民間のフィールドで、受験対策や探究的な学びの実践に費やしてきました。そのなかで、自分のクラスだけでなく教育界全体を再編集しなければという思いは年々強くなっていきました。

全体を編集するためには、全体を知る必要があります。そして領域や立場を「越境」するためには、構造をメタ認知して心理的な壁を取り去る必要があります。そのロールモデルとして立場にこだわらず学校改革の最前線でしなやかに活動している石川さんと、本書を作らせて頂くことになりました。片や学校、片や民間に軸足を置きながらも、自由に越境し教育界全体を鳥瞰する活動家として、世代を越えた面白いコラボレーションになったのではないかと思います。

僕がこの本で目指したものは、問題提起の先の「方法」です。正解のない問題に立ち向かうために、正解の方法があるわけではありません。しかし、同じ法則が働く世界で、ましてや同時代に生きている誰かの実践は、指標のひとつになるのではないかと考えます。また、教育関係の皆様はもちろん、この激動の時代にわが子に「どのような教育の場を選べば良いか」、「どんな教師と出会わせたいか」を考えている保護者の皆様の指標にもなるような編集を心がけました。「生きる力」とは、「主体的・対話的で深い学び」とは何なのか。それぞれが自分軸を持ち、それに立ち向かいながらともに成長していける教育界にシフトしていくきっかけのひとつになれば幸いです。

先生、この「問題」教えられますか?

教育改革時代の学びの教科書

目次

第1章 新時代に向けて、生徒のどんな力を伸ばすべきか

「詰め込み型学習」では通用しない社会が確実にやってくる

第2章 答えのない「問題」をどうやって教える？

「思考力型」問題の分析とアプローチ

第3章 想像力を伸ばすための授業デザイン

「探究的学びモデル」と「母語力」の重要性

第4章
AI時代を「生きる力」とは？
「自分軸」をもちクリティカルに思考する

第5章
主体的で対話的な「職員室づくり」が急務！
ミドルアウトマネージャーの必要性

第6章 小中高12年間を連続的に考える

発達段階による学びと受験

第7章 生徒の未来のために「教師がやるべき12の改革」

思考のOSをアップデートするために

エンディングダイアログ
【対談】新時代の教育に向けて

カバー写真●「Wavebreak Media Ltd.」©123RF.COM
帯写真●NASA／ZUMA Press／アフロ
本文写真●123RF.COM
本文図版制作●長久雅行
編集協力●青山典裕

オープニング
ダイアログ

【対談】戦後7回目の「2020年改革」、どう考えて取り組めば良い？

授業の即興性・カリキュラムの柔軟性
「目の前の生徒に合わせていくことこそ人間の教師の役割」

矢萩 今日は、これからふたりで書いていく本のオープニング対談ということで、探究的・即興的に進めていきたいと思います。よろしくお願いします。

石川 こちらこそ。やっぱり即興的というのが大事だよね。

矢萩 はい。教師はファシリテーターであれとか、コーチであれとか、いや、ナビゲーターだとかいろいろ言われていますが、僕はどれでも良いけれど、方法を実践するロールモデルであるほうが良いと考えています。文科省が目指す「生きる力」のひとつが予測不可能な事態に臨機応変に対処する力であるならば、教師も常に場を見て考えながら授業に取り組む姿勢が必要だと感じます。

石川 そうだよね。その場で補助線を1本かけてあげることや、絞った問いを出してあげることがなによりも大事だと思うんだよな。インタビューとかさ、対談とかするときに、矢萩さんは、あらかじめ何を話すかとか、きっちり決めるタイプ？

矢萩　僕の場合、インタビューする時は最初の問いだけ考えていきます。その問いに対する答えを伺って、それに対して次の問いをその場で考えますね。そうしないと自然な対話になりません。ただのアンケートみたいになっちゃいますね。もちろんあとで編集すればどうにでもなるのだけれど、やはり臨場感が変わってしまいます。

石川　そうなんだよね。決まった目次のとおりに話すのは、なんかね。でも従来型の教育って、そうだったわけじゃない。エクセル的なフレームの中にさ、カリキュラムを詰め込んで、それをなんとかこなしていくっていう。

矢萩　目の前の生徒がすべて想定どおりに反応するわけがないですからね。予定どおり進めることよりも、目の前の生徒に合わせていくことこそ人間の教師の役割だとは思います。とはいえ、前提として、カリキュラムを作ることとか、教材研究をしっかりしていなければ、即興的に効果を出していくことも難しいですね。その場限りになってしまいます。

石川　まさに、現場の葛藤だね。真面目な教師ほど、そういうジレンマを抱えている。従来型の教育にどっぷりの教師は、迷わずにカリキュラムを優先するからね。現状の学校構造ではかなり難しい。矢萩さんならどうする？

矢萩　そうですね、カリキュラムを「仮留め」状態にしておきますね。極端な例ですが、今僕がカリキュラムマネージャーを担当している塾やスクールでは、大筋のカリキュラムは決めていますが、授業を実施するたびに更新していきます。生徒がのめり込んできたら、迷わずそれを優先して、そのテーマを深掘りしたり、拡げたりします。その過程で即興的に、ほかのテーマでやる予定だった方法を学んだり、思考訓練をします。で、授業後に学びを振り返って、カリキュラム全体を見直して再調整を繰り返していきます。学習内容が知識ベースだと量的な問題がありますが、方法を獲得することや、考え方を学ぶことを目的とするなら、それほど無理なく実践できると思います。

石川　学習指導要領とかカリキュラムに従ってしまう先生は多いけれど、従うんじゃなくて沿うって感覚なら、それなりに遊びは作れるしね。少なくとも今よりもましにしていかないと。フレームを柔らかく見る。しなやかに改善だね。

「教育改革」に対する考えの変化
「複雑な物に挑戦させようっていうことが非常に大事」

矢萩　「教育改革」という言葉が聞かれるようになってから石川さんも数々の活動や発信をされていますが、この数年で改革のポイントであるとか、問題点であるとか、視点であるとか、変わってきたところはありますか？

石川　もっと具体的に言わないとダメだなっていうことだな。フワーっとしていたというか。たとえば書籍の場合、僕は教師向けに書きたかったんだけど、やっぱり一般の読者も買うようにしてほしいっていう編集とのせめぎ合いで、突っ込みが足りなかったな、とは思う。

矢萩　なるほど。ターゲットを拡げるとある程度抽象化してしまいますからね。僕自身は抽象力がこれからの教育のカギのひとつになってくると思っていますが、いきなり抽象をぶつけてもフワーっとしてしまいますね。

石川　同時に、教育改革と言われ出したころは、僕もまだモヤーっとしたまま活動してい

【学習指導要領の改訂と変遷】

制定・改訂年 実施年度	主な特徴
昭和33〜35年（1958〜1960） 昭和36年度（1961）	**教育課程の基準としての性格の明確化** ●道徳の時間の新設 ●基礎学力の充実 ●科学技術教育の向上など ●系統的な学習を重視
昭和43〜45年（1968〜1970） 昭和46年度（1971）	**教育内容の現代化** ●時代の進展に対応した教育内容の導入 ●算数における集合の導入など
昭和52〜53年（1977〜1978） 昭和55年度（1980）	**ゆとりある充実した学校生活の実現＝学習負担の適正化** ●各教科等の目標・内容を中核的事項に絞る
平成元年（1989） 平成4年度（1992）	**社会の変化に自ら対応できる心豊かな人間の育成** ●生活科の新設 ●道徳教育の充実
平成10〜11年（1998〜1999） 平成14年度（2002）	**自ら学び自ら考える力などの［生きる力］の育成** ●教育内容の厳選 ●「総合的な学習の時間」の新設
平成15年（一部改正）（2003）	**学習指導要領のねらいの一層の実現** ●個に応じた指導の例示に小学校の習熟度別指導や小・中学校の補充・発展学習を追加
平成20〜21年（2008〜2009） 平成23年度（2011）	**「生きる力」の育成、基礎的・基本的な知識・技能の習得、思考力・判断力・表現力などの育成** ●授業時数の増 ●指導内容の充実 ●小学校外国語活動の導入
平成27年（一部改正）（2015） 平成30年度（2018）	**道徳の「特別の教科」化** ●「答えが一つではない課題に子供たちが道徳的に向き合い、考え、議論する」道徳教育への転換
平成29〜30年（2017〜2018） 平成32年度（2020）	**新しい時代に必要となる資質・能力の育成** ●社会に開かれた教育課程 ●各学校における「カリキュラム・マネジメント」の実現 ●主体的・対話的で深い学び（アクティブ・ラーニング）

＊実施年度は小学生からを意味する
＊文部科学省『新しい学習指導要領の考え方
　―中央教育審議会における議論から改訂そして実施へ―』を基に作成

たから、そのあたりがようやく自分なりに明確化、焦点化されてきたよね。今までは、ようするに「教師はこのままのあり方じゃダメだろ」っていうことを発信してきたのよ。「先生が世の中のことを知らないのに、世の中のことを教えるのはおかしいだろう」ぐらいの、まだ甘いっていうか、ぬるい話だったんだよね。

矢萩 でも視点や方向性自体は変わらずですよね。特に鮮明になってきた問題点は何ですか？　あるいは新たにここをなんとかしないといけないというポイントや領域がわかってきたみたいな。

石川 そうだね。やっぱりまずひとつは、複雑なものに挑戦させようっていうことが非常に大事だなって。だから矢萩さんがよく話している、受験算数で公式を暗記せずに解く重要性ってのもそうだけど、問題や考えるべきことを変にやさしくしちゃっている気がするんだよね。で、特に「グローバル・ゴールズ［＊1］」とかって宗教的になっちゃってる。現実的に、あれの解決って血を見ることとぐらい大変なことじゃないですか。複雑じゃないですか。

矢萩 実際、今まで血を見てきたものですからね。そういう視点を持ち込んだことは、とても良いと思いますが、教育の現場で実施されていることは、抽象化と具体化のバランスが悪いですよね。現実を見ずに雑に整合性を取ろうとしているというか。

石川　そのぐらい大変な物を非常に簡単にファンタジー的にしようっていう。教育改革に対して興味を持つような教師は増えたけど、安易にツールとして使ってしまうような人たちには危険を感じる。誰もを救うっていうことが、どのぐらい大変なことなのかって。

矢萩　そのとおりですよね。抽象化して記号化すれば、「この問題はこれとこれに当てはまりますよね」って絶対に言えるじゃないですか。「で、どうするの？」って。いったん抽象度を上げているがゆえに、抽象的な解決策で止まるんですよ。本来は、具体的に落とし込まないと解決しないのですが。

僕は、町づくりとかアイデアソン［＊2］に関わることがあるんですけども、プランコンテスト的なものや、プレゼン大会も似たような危険性がありますよね。多くの場合、プレゼンのためのプレゼンになってしまっているので、「その企画をぜひ実現してください」って言っても、やらないじゃないですか。「やって」って言われてやれないことが、企画としてあがってくるということ。でも新しい技術を取り入れたり、エッジがきいた派手なことを言う人はすごくもてはやされるし、それで賞を取ったりとかする。本来、その企画が実現して、社会にこう役に立ちましたっていう実績で初めて評価されるべきなのに、優勝しても実現することもほとんどないし、よくあることや現実的な意見を言ったら、コンテストでは落ちるわけですよ。本来はよくある問題を、普通に使える技術で解決するのが良い企画なはず。たとえ前例がたくさんあっても、別の現場で実現することに意味がある。評価の対象がちょっとずれてるなっていうふうに思っていて。

石川 そうなんだよね。何か、チコちゃん［＊3］がブームになるって少しわかるような気がする。ぬるいものを結構ファンタジックにしちゃって。

矢萩 そこですよね。抽象化っていうことと、ファンタジーっていうことと、ぬるいっていうことを混同してるわけですよ。一度抽象化したら具体的なところまで落とさないといけない、戻さないといけないのに、抽象化すると非常に気持ちがいいファンタジーになっちゃう。「何を目指してるんですか？」に対して「世界平和です！」みたいな答えは誰も否定できない。でも、「じゃあ、そのためにあなたは具体的に何をするんですか？」っていうところまでもっていかないと。

石川 そのとおり。抽象化すると案外みんな気持ち良くなっちゃうんだよ。で、何かそこに道徳的な、弱者を救うみたいな視点が入ると、さらにね。それで、弱者を救うっていうマインドの部分が全面的に出ちゃう。それ自体は悪いことではないし必要なことだけど、勝手に生徒たちは強者で、弱者を救いましょうみたいな物語にしちゃうからまずい。それで、「こうやって人のために何かやることは素晴らしいね」みたいに急にファンタジーの世界になっちゃう。「他者のために何かすること」イコール「自己犠牲の精神」みたいな、よくわからない抽象にもっていっちゃう。

実際に動かしてやり切るというところは突っ込まないで、思いついた時点で喜んじゃって終わり。矢萩さんがいつも言っている「探究」しかやらない人たちもそっち系が多いよね。遊んじゃって終わりっていう。

「探究」はどうあるべきか「〝編集力〟こそが教育者に求められている」

矢萩

「探究」の始まりが「楽しさ」「興味」とか「ワクワク」「センス・オブ・ワンダー[＊4]」なのはそのとおりなのですが、むしろそこからどうナビゲートするかが大事なはずなんです。

「楽しさ」で終わりだったらエンターテインメントで乗り切れちゃうんですよ。「fun」であれ「Interesting」であれ「flow〔＊5〕」であれ、いろいろな意味で、楽しいほうがいいのは当然なのですが、やっぱり何らかの成長につながる能力開発的なヴィジョンがあってしかるべきだと思うんですよ。

「楽しいから探究したい」というのはとても自然に見えますが、同じように「できるようになったら楽しくなった」ということも少なくない。塾業界では「探究型で受験対策は無理だ」とかって言われるんですけれども、全然そんなことはないと僕は思っていて、ようするに、何を学ぶか、何を身につけるのか、ということが明確になっていればテーマや方法はいろいろあるわけです。その編集力こそが教育者に求められている。

石川　エンタメ的な「探究」が増える一方で、「探究」が掴めない、わからない、という教師もいまだに多いよね。従来型に浸りきっているから。でも、矢萩さんみたいな従来型の学びと21世紀型の学びの間を取っていこうっていう発想のほうが、逆に親和性があるよね。学校の場合は特にね。これぞ正しい抽象化だね。

矢萩　「エンタメ化しないで、どうやったら楽しくなるんですか？」っていう極論を聞かれることがありますが、学びの何が面白いかって、知らないことを知ったり、新たな視点を得たり、何かができるようになったり、自分が成長した、アップデートしたっていう実感だと思うんですよね。

「今、成長したな」って思えたら、めっちゃ楽しいっていうか、その体感が内的モチベーションになっていく。いかにそのアップデートや成長の実感っていうものを、プロデュースできるのかっていうのが、たぶんこれからの教育の大事なポイントなんだろうと思っています。

石川　もうひとつ危険だと思っていることがあってね。若者たちがつながるっていうのが、起こっているでしょう。いろいろな人と出会う、つながる、それ自体はいいけど、つながってどうするのっていうビジョンがないと。特に成長もアップデートもしていないのに、ただつながった人が多くなったことが、アップデートだと勘違いしてる人が少なくない。

矢萩　それは、探究だけでなく体験学習ともつながる話ですね。座学や詰め込みに対する反動だと思いますが、とりあえず体験させまくろうとか本物を見せればいいとか、そういう風潮になりがちですが、何でも体験すればいいってわけじゃなくて、経験として学びに落とし込まないと体験だけでいいなら、「本当に学校は必要なのか」って話になってしまいます。いかに体験を成長につなげるのか。そういうナビゲートこそ、AI時代にも通用する教師のスキルだと思います。

教師に必要なのは「矢印を出す」こと「〝問う人〟という役割は絶対的に必要」

石川 現場の教師が適切にナビゲートするために、具体的にどうしたら良いだろう？　やはり問いか？

矢萩 そうですね。「問う人」という役割は絶対的に必要だと思っています。動物行動学者の日高敏隆さんの『セミたちと温暖化』（新潮社）のなかに面白いエピソードが紹介されています。

知り合いの小学校の先生が小学生にアリの絵を描かせるのですが、最初は何も見ないで描く。そうするとだいたいが、丸い頭と楕円の胴体があって、胴体から4本の脚が生えている絵を描く。

次にシャーレに本物のアリを入れてよく見て描くように指示する。しかし、ほとんどの生徒がさっきと同じ頭と胴体に4本脚のアリを描くんですね。最後に、先生が質問しながら観察させるんです。「体どうなってます？　頭と胴体だけかな？」「あ、3つに分かれてる。」「脚、何本ある？　4本？」「6本だ！」「どこから生えてる？」「真ん中だ」という具合です。

人間は実物を見てもおいそれと実物が見えるわけではない。問う人がいて初めて、ちゃんと見ることができる。

石川

問いにかかっているよね。もうちょっと補助線かけてあげれば、いいと思うんだよね。絞った問いがあることによって頭が動き出す。そういう焦点化をする訓練がされていないから、結構大きなブン投げしかしない教師が多い。結果放置みたいになってる。それが問題。

軸がないままに「多様性を認めよう」みたいなことを言っている教師もそうだけれど、全部受け入れて「君たちそれでいいんだよ」とかなんとかって言って認めてあげれば、子どもたちは勝手にやるようになるって言うじゃない。でもそれは甚だ疑

矢萩 問なんだよ、僕からするとさ。
勝手に何かをやるようになる可能性はあると思うんですけど、そのやり方が本当にその生徒にとっていちばんいいやり方なのかっていうと、たぶん違うじゃないですか。型稽古の守破離《しゅはり》みたいに、自由ななかでも何かできるようになって、基準や足場を作って、そこから積み上げるなり否定するなりしていかないと。それを提示できるかどうかは教師の軸にかかっていますね。

石川 とにかく軸を作るのが大事。分類なしに多様性とか言うから違和感がある。そもそも、そういうトレーニングをしたことがないんだよね。それで、生徒の多様性に向き合うなんてできるはずがない。

矢萩 そうなんですよね。なんか怠けてますよね。抽象と具体っていうのはどっちがいいじゃなくて、両方同時に考えなければいけないじゃないですか。多様性もまったく同じだと思うんですよね。
多様だということを言うのであれば、逆もまた同時に見てなければいけない。一様であることのメリットとデメリットとか。そのうえで、自分の哲学や軸に照らし合わせて、多様性に向き合う必要があります。本当に、多様性って言ってる人って、な

石川　んでも受け入れればいいみたいな感じになりがちじゃないですか。

そういう教師に対しても、「問う人」みたいな存在が求められているのかも。教師に対して指導っていうか、矢印を出していく人が必要だよね。

ケーススタディーの是非とメタ認知の実践
「抽象化と結合・編集・統合は必須スキル」

矢萩　最近に始まったことではないですが、講演会や研修などで先生たちから「事例」を求められることが多いと感じます。この辺りに、今回の改革における教師問題の構造的な闇を感じます。

石川　わかる。求められるよね、事例。現実には同じケースなんかないのに、すぐ具体に飛びつくっていう。

矢萩　同じケースや、マニュアルどおりにいかない「予測不可能」な事態に臨機応変に対応するためには、もちろん事例や経験、マニュアルや知識も参考になりますが、それらをそのまま当てはめるのではなく、抽象化して適合させる必要があります。そ

石川　ういう「生きる力」を育てなければいけない教師の側が、安易に事例を求めてしまうことに対して自己言及する必要があります。

石川 抽象化ね。抽象化して統合する。軸を立てるっていうことも、一種の抽象化だよね。生徒が自分軸を作るサポートをするんだから、まず自分ができないとね。軸を立てて、自分自身と統合する。

矢萩 抽象化と結合・編集・統合は僕の専門分野のひとつですが、まさにその部分がこれからの教育にも、社会人のスキルとしても必須になると感じています。具体はＡＩやロボットのほうが強いですし、意味づけや自分ごとにするためにも抽象化は必要不可欠です。そういうことを発信していきたいですね。

石川 あと、モヤモヤしていることをスルーするよね。見て見ぬふり。矢萩さんと一緒に講演しているときもそうだったけれど、「なるほど！」と腑に落ちたときだけスライドを写真に撮りまくる。本当は、なんかモヤモヤしている時ほど、写真に撮って改めて考えるべき。だって、そういう「答えのない問い」に立ち向かう力も、これから扱っていかなければいけないんだから。

矢萩 それはとてもわかりやすい現象ですよね。まず教師が自分自身の軸やフレームをメタ認知［＊6］して、動かしていく、改善していく必要があります。目の前で実践することこそ、生身の人間として生徒の前に立つ意味ですからね。

石川 そういう意味では、僕の役割は、そうした実践を先生たちの前で見せたり、語ったりすることなのかもしれない。今回みたいな本を書くこともそう。そうすることで、先生たちに対して補助線をかけていくのが今の自分の仕事かなって思ってるんだよね。同じ目線で、こういうふうな考え方もあるんじゃないかっていうことをいろいろ言っていく。まず教師の救済をするっていう仕事だよね。

矢萩 「教師の救済」ですか。なるほど。同じフィールドに立つというのはこれから教育業界で、あるいはそれぞれの現場で、リーダーシップを取っていく人には絶対に必要なことだと感じています。校長や塾長も、今までの実績や経験は置いておいて、今現在の現場に立つ。つまり、レギュラーで授業を担当するべきだと思うんです。そうしないと、環境変化のスピードに追いつかない。ICT［＊7］などは最たる例ですが、生徒たちの環境は凄まじく変わっています。当然、そういう環境下で、生徒たちも変わり続けている。それを肌で感じていないと、関わる全員にとってプラスになるような運営は、現実的に難しいと思います。どういう先生なら、救済できると思いますか。

石川 まずは、生徒と同じような目線を持てるような人を救済したいかな。そういう人がいちばん苦しんでいると思う。あまり好きじゃない言い方だけど、学習者としての視点を持てる人。それが少ない。生徒のためって言いながらも、生徒のためじゃないことも、生徒のためと称して考える先生が非常に多い。

矢萩 現場で同じ目線で活動していると、リアルな問題に直面しますからね。学習指導要領や環境の変化も含め、複雑なジレンマで身動きが取れなくなっている先生も多いように思います。それらを解決できないことだと思っているなら、防衛本能として「何でも生徒のため」ということで収めてしまうような精神状態になるのもわかるような気がします。

石川 「教育改革」というスローガンが語られ出してから、いろいろな本が出たけれど、だいたいが批判とファンタジーに終始していたんだよね。あとは教育哲学的なことと事例か。僕も例外ではないけれど。

矢萩 そろそろ、次のフェーズに行きたいですよね。この本は、「抽象」と「具体」を意識しながら、これからの教育現場で、使える「方法」だとか、保護者を含め、教育に関わるすべての人がアップデートするためのヒントになるようにしていきたいですね。

NOTE

[＊1] **グローバル・ゴールズ**＝国連開発計画（UNDP）による持続可能な開発目標（SDGs）の通称。貧困に終止符を打ち、地球を保護し、すべての人が平和と豊かさを享受できるようにすることを目指す17の目標を提示している。あらゆる問題が17の目標に分類でき、相互に接続できるよう抽象化され整理されている。

[＊2] **アイデアソン**＝アイデア（Idea）とマラソン（Marathon）を掛け合わせた造語。多様な専門性や志向性を持つメンバーがチームとなり、特定のテーマについて対話的にアクションプランやビジネスモデルなどを作り、プレゼンテーションするイベント。

[＊3] **チコちゃん**＝NHKのバラエティ番組『チコちゃんに叱られる！』に登場する、好奇心旺盛で何でも知っている5歳の女の子という設定のキャラ。素朴な疑問を大人にぶつけ、答えられないと「ボーッと生きてんじゃねーよ！」と言う決めゼリフとともに「答え」を明かすが、その多くは「諸説ある」うちのひとつであり、決まった正解を一問一答的に解答することを重視しないスタイルである。

[＊4] **センス・オブ・ワンダー**＝不思議な感動や感覚を指す。もともとはSF作品の効果として使用されていたが、『沈黙の春』で環境保護運動のきっかけを作った生物学

者レイチェル・カーソンによる同名の著作が発表されて以降は、自然に触れた際に起こる子どもたちの感動体験という意味合いで使用されるようになった。

［＊5］**flow**＝アメリカの心理学者ミハイ・チクセントミハイが提唱したポジティブ心理学の概念で、その時していることに浸り我を忘れて集中しており、活動と意識が融合してコントロール下にあるような精神状態を指す。ゾーン、ピークエクスペリエンスとも表現される。『フロー体験：喜びの現象学』に詳しい。

［＊6］**メタ認知**＝自分自身の思考や行動、性格や言語活動などを別の立場やより抽象的な視点から認識すること。認知心理学用語。

［＊7］**ICT**＝「Information and Communication Technology（情報通信技術）」の略。通信技術を活用したコミュニケーション全般を指す。

【文部科学省が提唱する新旧「生きる力」の概念図】

［旧生きる力］

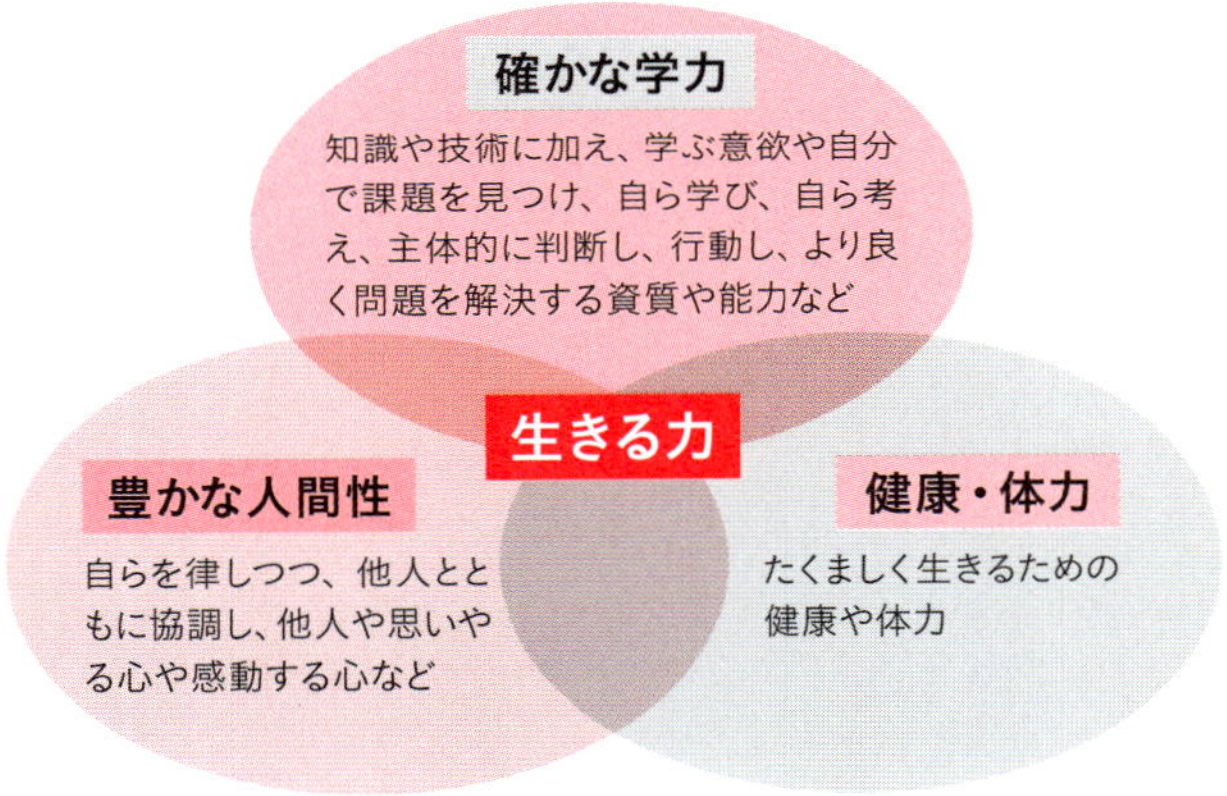
確かな学力
知識や技術に加え、学ぶ意欲や自分で課題を見つけ、自ら学び、自ら考え、主体的に判断し、行動し、より良く問題を解決する資質や能力など
生きる力
豊かな人間性
自らを律しつつ、他人とともに協調し、他人や思いやる心や感動する心など
健康・体力
たくましく生きるための健康や体力

［新生きる力］

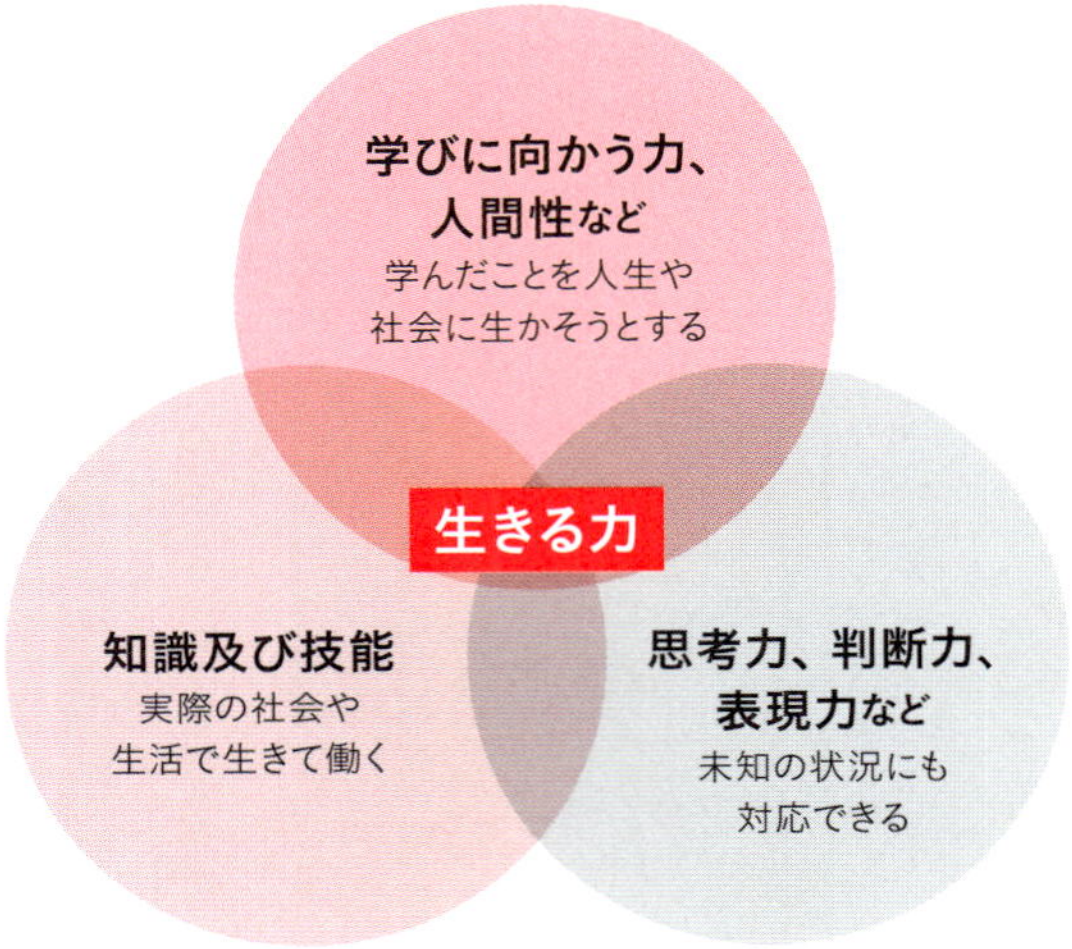
学びに向かう力、人間性など
学んだことを人生や社会に生かそうとする
生きる力
知識及び技能
実際の社会や生活で生きて働く
思考力、判断力、表現力など
未知の状況にも対応できる

第1章

新時代に向けて、生徒のどんな力を伸ばすべきか

「詰め込み型学習」では通用しない社会が確実にやってくる

矢萩邦彦

従来型学習のさまざまな問題点

まず最初に、次の問題の「教え方」について考えてみたいと思います。

【0.57問題】

下の図は、正方形の中に扇形を書いたものです。斜線部分の面積を求めなさい。ただし、円周率は3.14とする。

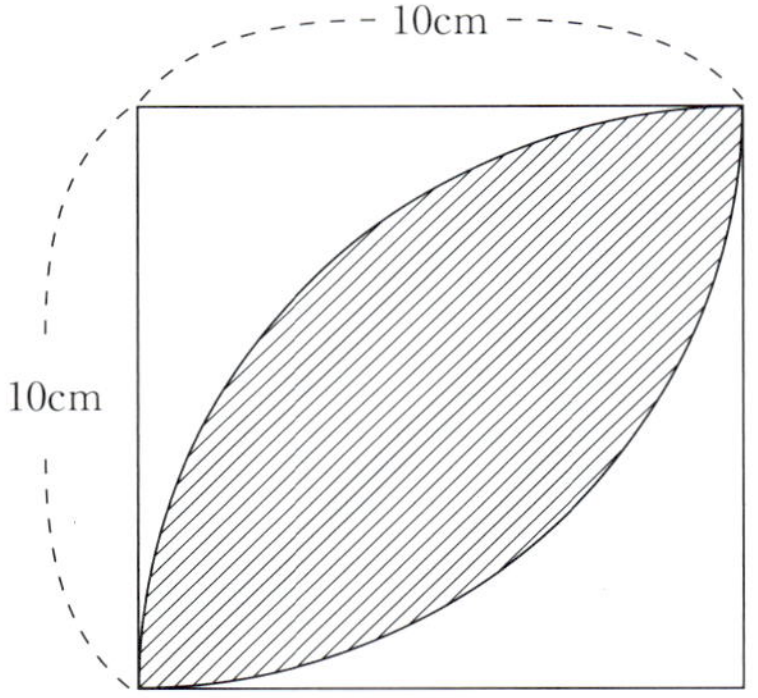

[類題]

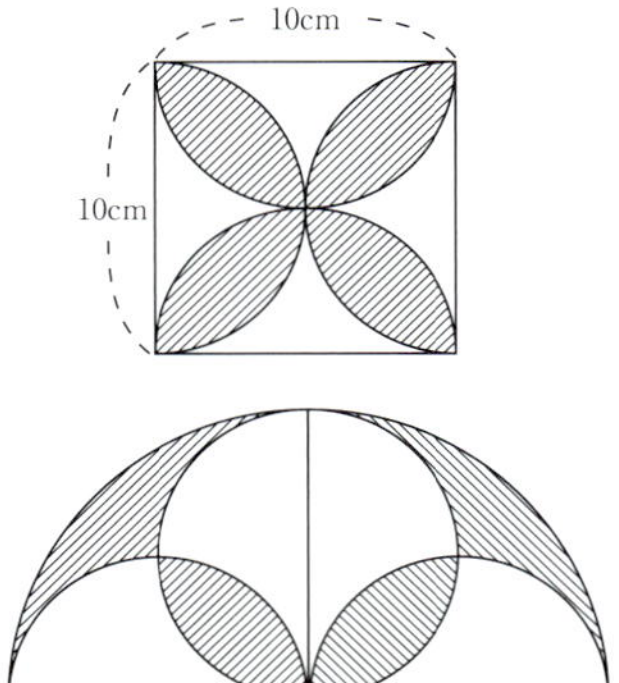

この問題は、中学受験においては定番の頻出問題なのですが、解法は次のようになります。

下の図は、正方形の中に扇形を書いたものです。斜線部分の面積を求めなさい。ただし、円周率は3.14とする。

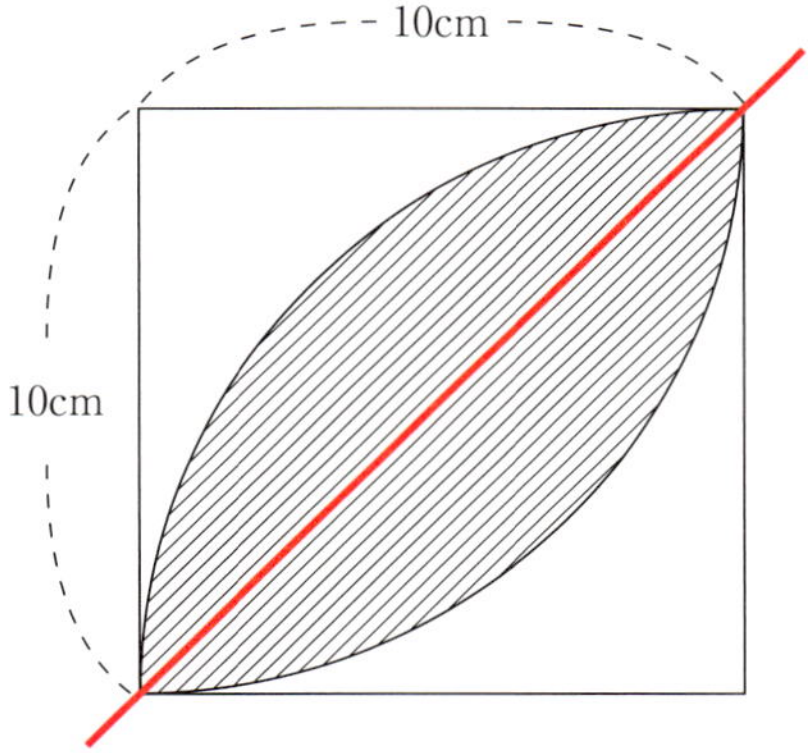

【解法①】

まず補助線を引く

次に扇形の面積を求める

10×10×3.14÷4＝78.5

三角形の面積を求める

10×10÷2＝50

扇形から三角形を引いて斜線部の半分の面積を求める

78.5-50＝28.5

半分の面積を2倍して斜線部全体の面積を求める

28.5×2＝57（cm^2）

【解法②】

正方形の面積に0.57をかける

10×10×0.57＝57（cm^2）

【解法①】のように解くのが基本なのですが、一部の中学受験塾においては【解法②】のように教えられています。

この問題の「教え方」は、従来型学習のさまざまな問題点を象徴しています。公式を暗記して解くというのは三角形や円の面積も一緒ですが、知っていることや「最低限の情報で解を導く思考力を身につける」ことが目的だとしたら、どうでしょうか。

この問題における学びの意義は、補助線を引くことです。最初にこの問題が作られた意図もそうだったはずです。どちらの解法も説明したうえで、後者を選択するのであればまだ良いのですが、少し背伸びをしている中学受験生ほど、理屈もわからずに後者を公式として暗記させられてしまいます。確かに「テストで時間をかけずに正解を出す」ことが目的であれば合理的だと言えますが、はたして人生において合理的と言えるでしょうか。【解法②】は、類題のように少し形が変わっただけで活用が難しくなりますし、円周率が3・14でなければ使えないということにもさまざまな示唆があります。

従来型の学びにおけるいちばんの問題点は、「受験やテストの準備」が目的になってしまい、「自分自身が成長して豊かな人生を歩むため」、あるいは「仲間や社会に貢献するため」といった学ぶ意味が希薄になってしまうことです。

良い点数を取ることが目的になれば、パターンやテクニックのみの詰め込みなど「一見合理的」な方法に安易に飛びついてしまい、結果として未知の問題に臨機応変に対応する力が養われません。また、逆算的にカリキュラムが組まれる傾向があり、発達段階と合わない生徒も少なくありません。

一問一答型のテストにおける問題点

受験やテストから逆算した従来型の学習において公平な評価をするためには、問題と解答がセットになっているものを出題したほうが採点者としては合理的です。記述問題に関してもルーブリック［＊1］ではなく模範解答が用意されている場合は、一問一答型であるといえます。

一問一答型のテストにおける最大の問題は、論理的に正しいといえるものであっても「教科書にはない解答」「例外的な解答」「意外な解答」は評価されにくい点にあります。となれば、必然的に評価される解答だけが注目されることになり、正当な手順で知識を得たり思考したりというプロセスを経ることなく、解答や解法パターンを暗記するという逆算的なテスト対策に陥ってしまいます。これでは能力開発にすらなっていません。

そのうえ、問題と解答や解法を1対1で照応させることは記憶術との相性も良いため流れ作業化しやすく、この勉強法に慣れてしまうと、「答えのない問い」や「答えが複数ある問い」にどう対応していいのかがわからなくなってしまいます。

そのような学習がそのまま受験対策になり、大学や就活へと接続していくため、学習の目的が「答えのある問題を解くため」になってしまっていることに、疑問や違和感を抱きにくい構造となっています。そうした構造のなかでは、答えがあるかどうかさえわからない未知の事態に対して、臨機応変に対処する能力が養われないのは当然といえます。

パターンでできることはAI・ロボットで代行できる

現状のAI［*2］の能力については第4章で詳しく述べますが、もし、従来型の学習が必要なことを要領良く暗記する能力や、単純に知識の多さ、スピーディーで正確な処理能力を開発していたのであれば、もうすでにその役割は人間以外に移行しつつあります。とはいっても知識がまったく必要とされなくなるわけではありません。人間の担う役割が知識の量や詳細さではなく、知識の活用法に移行していくということです。ですから、学校での学びにおいても、知識を応用・転用し、活用する方法を身につける必要があります。

予測できない未来に対応することを目指すという文科省の方針は、東日本大震災やリーマンショックなどの災害や事件にうまく対応できなかった反省や、シンギュラリティ[＊3]に向かう数々の予測、日本が歴史上初めて人口減少社会へ突入したことなどに起因していますが、どれも一問一答型の教育の先に希望的な解決策が見えるものではありません。

詰め込み学習のいちばんの問題は「目的の混乱」

「何のために勉強するのか？」という質問にうまく答えられないという教師や保護者は少なくありません。また、与えられた答えに納得がいかないという生徒も一定数います。そのままモヤモヤして自分で答えを探究していけば良いのですが、わからないままだとストレスになり、考えることをやめてしまう場合が大半に見えます。

一般的な回答としては「勉強をすれば良い学校に入学でき、良い会社に就職でき、お金に困らずに生きていけるから」というようなものです。

しかし、私のところにも毎年、「それなら、地位も名誉も財産も普通でいいから、勉強やめてもいいですか？」という生徒に困っているという保護者や先生方からの相談は絶えません。ここに今までの教育がハマってしまっていた「目的の混乱」という落とし穴があります。

そもそも、何のために学ぶのかという目的が現在のような形で混乱し始めたのは、明治維新からです。

これは、急激な西洋的価値観の流入や、帝国主義に向けた国策が影響していると考えられますが、江戸時代までは多くの私塾において、学ぶ理由は「他者の気持ちをわかるため」とされていました。学ぶことで多くの人と共感できるようになり、その結果、頼られてリーダーシップを発揮し、地位も財産も得ることができるというものです。

つまり、目的はあくまで他者への共感なのです。「より多くの人の気持ちをより深くわかるため」という目的であれば、本心から納得しない生徒はほとんどいません。近代合理主義が作り出した教育の構造のなかで、大人自体が目的の混乱を起こしてしまっていることが、感性の豊かな生徒たちの学びを疎外してしまっているともいえます。

間違った逆算的発想が目的を混乱させてしまい、また正当な手順ではないことも正当化してしまっていたわけです。自分なりの前提や論理があれば良いのですが、そうでないのにそう思い込んでしまっているのであれば、まさに思考停止状態といえます。

「生きる力」とは何か？

文科省が新しい学習指導要領において提唱している「生きる力」とは、学んだことを人生や社会に生かそうとする「学びに向かう力、人間性など」、実際の社会や生活で生きて働く「知識および技能」、未知の状況にも対応できる「思考力、判断力、表現力など」という3つの力を指し、これらをバランス良く育むために「主体的・対話的で深い学び（アクティブ・ラーニング）」の視点から授業を改善し、「カリキュラム・マネジメント［＊4］」を確立して学習効果の最大化を図るとされています。

そう言われてもピンとこない方が多いのではないでしょうか。現場での具体的な問題の

【仕事タスクの状況】

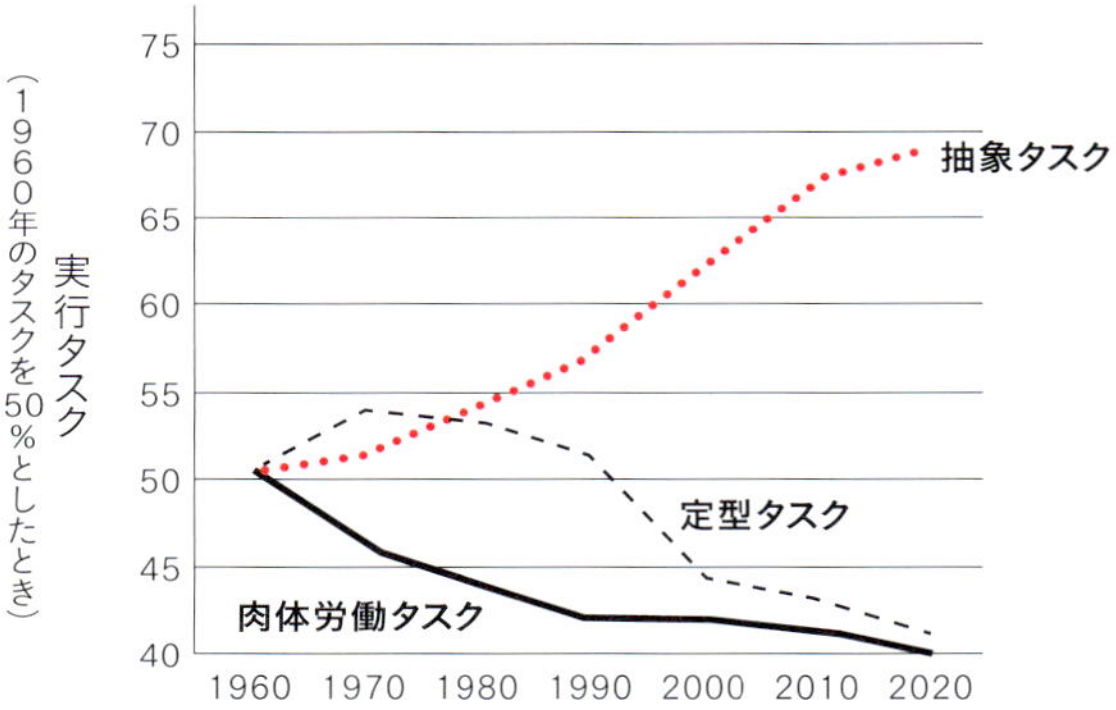

※Autor, D., Levy, F., & Murnane, R.(2003).
The skill content of recent technological change: An empirical exploration.
The Quarterly Journal of Economics, 118(4), 1279-1333.を基に作成

数々と、学習指導要領の抽象的な指針に、あまりに乖離があるためです。しかし、具体と抽象を行き来しながら自分軸に沿って理解し、解釈し、意味づけをして、目的を設定し、現場に落とし込んでいく。そういう活動は人間である教師にしかできない、ということがAIやロボットに関する現状分析や議論のなかから次第に明らかになってきました。

もっと端的にいえば、人間である生徒に、同じ目線で、同じインターフェース［＊5］を備えた人間である教師にしか、伝えられないことがあるということです。

それらを突き詰めていくと、詰め込みや一問一答型の問題、クイズ的な問題を

解くようなデジタルな作業よりも、抽象化することや、方法を手続きとして学ぶこと、そしてなにより意味づけをすることが大事だということがわかってきます。

そのような視点から、本書の私のパートでは、あえて抽象と具体を行き来するような、平易に説明しすぎない方法を心がけて、読者の皆様と一緒にそれぞれの意味づけをしていけるように進めていきたいと思います。

自己決定能力の獲得へ

結局、どんな力が求められているのでしょうか。

教育目標の分類として昨今引用されているものに、ブルーム・タキソノミー［＊6］というものがあります。認知領域の頂点にある項目は「評価」と翻訳されていることが多いのですが、わかりやすく「自己決定能力」と言い換えることができます。目的は何か、そのために何をして何をしないかを自分自身で考えて判断し、決定していく能力です。情意領域の頂点は「個性化」となっていますが、自己の価値観に合わせて行動習慣をセルフマネ

【二軸で見るブルーム・タキソノミー】

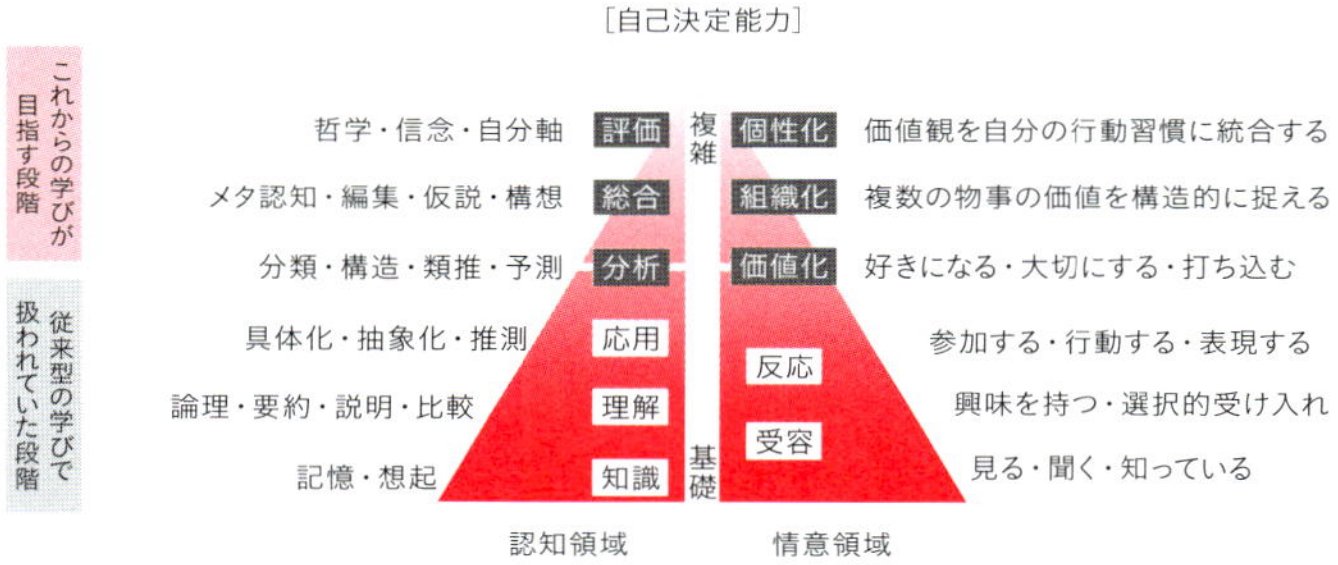

※Krathwohl, D.R., Bloom, B.S., and Masia, B.B. (1964). Taxonomy of educational objectives: Handbook II: Affective domain. New York: David McKay Co. を基に著者が作成

ジメントできる状態を指していますので、同じように「自己決定能力」と言えます。

従来型の学びというのは、基本的にすでに答えが決まっています。明言は避けられていますが、構造的に良し悪しの評価も決まっているといえます。

たとえば、道徳においては、「これはやってはいけない」とか、「こういうことはやったほうが良い」とか、外側から規定された善悪の方向性や優先順位が暗に示されています。それを察して周囲の価値観に迎合することが良しとされていたわけです。

しかし、自己決定能力というのはい

わば倫理的であって、「法律ではやって良いことになっているけれど、僕はやらないほうが良いと思う」というように、自分自身で内側から考えて良し悪しを判断するような態度と能力を指します。

では、そのような態度や能力を育むためにはどうしたら良いでしょうか。

新しい学習指導要領のなかで最も重視したいポイントは、現場の教師が「何を学ぶか」という従来型の視点から、「どのように学ぶか」に力点を移すことができるかということです。「知識」から「方法」へ向かう理性が、自分軸を作り、知識に対して自分で再評価することにつながります。

ＡＩやインターネットは、その情報が何なのかは教えてくれます。しかし、それぞれのケースにおいてどう活用したら良いか、そもそも自分が何をすべきかをＡＩもインターネットも教えてはくれません。自分自身で決定する必要があります。そういう力を総合的に身につけていくというヴィジョンをまず教師が持つこと。そして、自分自身がそうやって軸を作り、成長していこうという目的を持つことがスタートラインだといえます。

教養とは何か

歴史学者で一橋大学学長だった阿部謹也《きんや》氏は、教養は「いかに生きるか」という問いから生じたと分析しました。都市が成立した12世紀のヨーロッパにおいて、将来の職業を選択できる可能性が開かれた人々が登場した際に、初めてそのような問いが意味を持ち始めたと言います。

そのような背景から阿部氏は、教養があるとは「自分が社会のなかでどのような位置にあり、社会のために何ができるかを知っている状態、あるいはそれを知ろうと努力している状況」であると定義しました。

これはキャリア教育という文脈においても、とても意義ある定義だと思います。教養が「状況」であるということも示唆に富んでいます。これからの学びは、知識よりも「方法」や「態度」が重要であると感じます。

日本では哲学的な問いに触れることなく教育課程を終える人が大半です。自分でも答えが出せないような問いを生徒に問うことは難しい、という声も耳にします。しかし、「生きる力」すなわち答えのない問いに立ち向かう力を養うのならば、教師自身もまた答えのない問いに立ち向かっていなければ構造的に矛盾してしまいます。それこそ「態度」の問題だといえそうです。

活用するための力

ヒンディー語に「Jugaad《ジュガール》」という言葉があります。日本語には該当する言葉がないので翻訳するのが難しいのですが、「最低限の道具や材料でどうにかして問題を解決すること」というような意味があります。

フランス語にも「Bricolage《ブリコラージュ》」という言葉があって、「あり合わせの材料や持ち合わせた道具で現状を切り抜けること」というような意味です。もともとは「取り繕う」「誤魔化す」と言ったニュアンスがあったのですが、フランスの文化人類学者クロード・レヴィ＝ストロース［＊7］がブリコラージュには「創造性」や「機智」が必要で、それらは人類が古代から持っていた知の在り方であると紹介したことから、ポジティブな意味で使われるようになりました。

この、自分が知っていることやできることを活用する力こそ、「生きる力」の本質なのではないでしょうか。これはブルーム・タキソノミーの「適用」「分析」「総合」「評価」に対応します。もちろん、ベースとなりツールとなる知識や技術を習得していくことは基本なのですが、大事なのは、それを問題解決の手段にできること、それぞれの現場で活用できることのはずです。知らない・できないから諦める、ということがないようにするのがこれからの教育の中心課題だといえます。

双方の目的を知りしっかり合意形成できているか

子どもと保護者、あるいは生徒と教師の目的がずれていると、教育虐待につながってしまう恐れもあります。保護者や教師が「あなたのため」と思っていることが、本当にその生徒の望んでいることなのか、時代や環境に合っているのかを確認し、双方の目的や意図を共有し、合意形成する必要があります。

現実的に多いと考えられる対立としては、出口や偏差値を重視する保護者と、プロセスや成長を重視する教師、楽しさや承認を求める生徒といったところでしょうか。

しかし、これらの対立は、「いかに生きるか」という問いを突き詰めて考えていないために起こっている場合も多いと考えられます。

家庭の方針や学校の方針などが堅く介入が難しいケースもありますが、対話によって考えを整理しながら合意形成していくか、それが難しいのであれば、似た価値観の学校を選ぶ、サード・プレイス［＊8］を探すなど、積極的に活動をする必要があります。

また、発達段階によっては主体性自体が曖昧な場合もあります。

たとえば首都圏で中学受験をする場合、小学3年生から準備を始めることが多いのですが、小3で主体的・能動的に受験をしたいと考えることは、まずあり得ません。大半は中学受験という選択肢があることを保護者か同級生あるいはメディアから聞いて、よくわからないままに口にしているのにすぎません。理由がないまま始めれば受験自体が目的化します。

主体的な目的を持たないまま進学していくと、受験や就職を目的だと思い込んでしまい、やりたいことややりがいを見出せなくなる可能性もあります。

何のための学びなのか、何のための時間なのか、何のための経験なのか——そういったそれぞれの目的や意味について考え、共有する習慣から主体性を認知していきたいところです。

社会で通用する思考力を「テスト」する

ここまでは、従来型の教育や価値観の問題点とこれからの教育の目的について述べてきました。では、それらの学びや能力をどのように評価したら良いでしょうか。

次ページの図は、「思考コード」と呼ばれるもので、入試問題の分析・分類・問題作成のために作られたものです。シンプルな軸が設定されているため、とても汎用性があり、実際すでに多くの私立校や塾がこの思考コードを参考に独自のコードや問題を作成しています。最も有名なザビエルの例題を引用しておきます。

A軸は従来型の知識理解の軸で、詰め込みで対応できる問題です。B軸は知識をつなげ

【「思考コード」にあてはめたフランシスコ・ザビエルに関する問題】

変換操作	全体関係	変容 3	**A3** ザビエルがしたこととして正しい選択肢をすべて選び、年代順に並べなさい。	**B3** キリスト教の日本伝来は、当時の日本にどのような影響を及ぼしたのか、200字以内で説明しなさい。	**C3** もしあなたが、ザビエルのように知らない土地に行って、その土地の人々に何かを広めようとする場合、どのようなことをしますか。600字以内で答えなさい。
複雑操作	カテゴライズ	複雑 2	**A2** ザビエルがしたこととして正しい選択肢をすべて選びなさい。	**B2** キリスト教を容認した大名を一名あげ、この大名が行ったこと、その目的を100字以内で説明しなさい。	**C2** もしあなたが、ザビエルだとしたら、布教のために何をしますか。具体的な根拠とともに400字以内で説明しなさい。
手順操作	単純関係	単純 1	**A1** (サビエルの肖像画を見て)この人物の名前を答えなさい。	**B1** ザビエルが日本に来た目的は何ですか?50字以内で書きなさい。	**C1** もしあなたが、ザビエルの布教活動をサポートするとしたら、ザビエルに対してどのようなサポートをしますか。200字以内で説明しなさい。
(数)	(言語)		**A** 知識・理解思考	**B** 論理的思考	**C** 創造的思考
			知識・理解	応用・論理	批判・創造

※首都圏模試センターの資料を基に作成

て論理的に説明する問題。従来は応用と言われていたような問題です。特に重要なのは創造的思考の「C軸」です。この軸がいわゆる「思考力型」といわれるタイプの問題で、これらの問題に対応できることが「生きる力」につながっているはずだ、というわけです。

しかし、多くの現場がここで足踏みをしてしまっています。問題の分類や作成ができたところで先には進みません。そもそもこのような問題が解ける生徒や、評価できる教師ばかりであれば何も問題はありません。

C軸で重要なポイントはふたつあります。まず生徒目線では、詳細な知識がなくても考え解答する力が必要である点。次に教師目線では、解答を評価するためのルーブリックが必要である点が挙げられます。

この2点こそ、これからの学びデザインで最も重要なことだといえます。

知識がなくても考える力を養うためにはどのような学びが必要なのか。そのための評価をどのようにしていくのか。焦点を置くべきは、問題の作り方ではなく、学び、成長する方法です。その方法について、まず「21世紀型」と呼ばれる教育がどういうものなのかを整理したあとに、新たなモデルを提示しながら考えていきたいと思います。

「知」に先行する「情」

近代的な教育は、すべてにおいて逆算的に作られてきたといえます。言い換えれば、合理的な生産のための学習に焦点が当てられていたわけです。そこに自分自身を織り込み、意味を持たせることができなければ、どうしても疎外されてしまいます。平均化された価値観のなかで、誰かの未来ヴィジョンから逆算して用意された学習プロセスに乗っかっているだけでは、学びを自分ごととして捉えることは困難です。

本当に予測不可能性に対応できる力を身につけるのであれば、自分の足もとにある自分ごとの問題や情動的な興味を探究し、身を任せるなかで達成していく学習にこそ意味があります。

つまり、経験から自分を引き離す方法に偏った学習から脱却する必要があります。そういう学習をナビゲートするためには、教師自身が自らの問題や興味を探究しながら、ともに学んでいこうとする姿勢が不可欠です。

探究型と従来型学習の違いとは?

従来型の教育に対して「主体的・対話的で深い学び」を目指す教育は、総じて「21世紀型教育」として語られることが多いですが、それぞれの概念や方法はまだまだ浸透しているわけではありません。

私が関わるなかだけでも、いまだに「アクティブ・ラーニング」や「探究型学習」について説明できないという学校関係者・教育関係者は少なくありません。それらがどういうものなのか、教える側がわかっていなくては授業実践につながるはずもないのですが、よくわからないまま、言葉だけがひとり歩きしているという現状です。

なかには「探究」やそれに似たキーワードを謳って生徒募集をしていながら、どう実践するかは現場に投げられているという教育機関も散見します。まずはこれらの学びがどういうものなのかを整理してみたいと思います。

一連の「21世紀型教育」に共通するのは、自分自身の軸を持つための教育であるという点です。マイケル・ポランニー〔＊9〕は軸を持つためには主観的な信念が必要で、信念は日常的に触れている無意識の情報群である「暗黙知」から生じると分析しています。

ポランニーは方法の選択には信念が不可欠だとしています。さらにポランニーは、従来型のプラトニックな論理のプロセスでは、新たな発見や革新に結びつくような学習にはならないという世界観を提示しています。

自分ごととしての問題や、個人的な興味に没入して探究するなかで、結果的に学習や成長が成し遂げられて、新たな発見や革新にたどり着くという世界観です。これは「適合」ではなく「創造」へ向かう価値観だといえます。

アクティブ・ラーニングを捉え直す

「アクティブ・ラーニング」は一方的に講義をする講師の話を聞いて、板書を写すという受動的な学びに対して、能動的・積極的に学びに関わる態度を指します。

誤解が多いのですが、体を動かしたり、地域の課題解決を目指したり、対話や議論をすることがアクティブ・ラーニングというわけではなく、「能動的かどうか」、「前のめりかどうか」が最大のポイントとなります。

つまり、いやいや議論をしているよりも、黙っていても能動的に話を聞いているほうがアクティブ・ラーニングだといえます。

私は客観的に判断しやすいものを「動的アクティブ・ラーニング」、判断しにくいものを「静的アクティブ・ラーニング」と呼んで区別していますが、これらを見分けるためには生徒との間に人間関係を構築することが不可欠です。

「主体的・対話的で深い学び」に関する中央教育審議会の答申によれば、「深まりを欠くと表面的な活動に陥ってしまうといった失敗事例」も報告されているとして、「深い学び」の重要性が指摘されています。これはまさに評価がしやすい「動的アクティブ・ラーニング」のみを目指したために議論が形骸化してしまったり、盛り上がっただけで学びが深まらないという事例です。これでは本質的に従来型と変わりません。

「主体的な学び」であれば、それは即ち「アクティブ・ラーニング」でもあるはずです。つまり、主体的な学びの前提としての「アクティブ・ラーニング」であり、そのうえで活発な議論や意見のシェアがあれば「対話的」となり、より新指導要領の理想に近づくといえます。

探究型学習の特徴

次に「探究型学習」についてですが、ひとつのテーマについて深掘りしていく学び方で、新指導要領における「深い学び」に対応します。

教育学者ジョン・デューイ［＊10］が提唱した「プロジェクト・ベースド・ラーニング（PBL）［＊11］」という方法がベースとなっており、日本では「問題（課題）解決型学習」とも呼ばれるので誤解も多いのですが、必ずしもそこに「社会的問題」が関係する必要はなく、身近な問題でも構いません。自分ごととして捉えることのほうが大切です。

「探究」の特徴は「テーマ学習」であるという点で、ひとつのテーマを教科などのカテゴリーに縛られずに、調査して仮説を立て、検証して新たな仮説を立てていき、その過程のなかで、知識自体だけでなく知識を獲得する方法や、論理的に考え検証する方法、科学的な視点や哲学的な考察などを学んでいきます。大学のゼミなどに近い学びといえばわかりやすいかもしれませんが、小中高生が行なうためにはいくつかのハードルがあります。

そもそも「探究」を主体的に行なうためにはテーマ自体に「興味」を持つことが必須です。そこに探究型の学びをクラス全員が共通テーマとして行なう難しさがあります。また、探究型の学びは特定・共通の解答やゴールがない「自己目的的[＊12]」なもので、それを学ぶこと、探究すること自体が目的といえます。

たとえば、鉄道に興味がある生徒が、鉄道の路線や車両、経営などを探究していくなかで、地図や資料の読み方、地域との関係などをシームレスに調べ学んでいきます。順序や方法なども自らが学ぶなかで試行錯誤していき、その過程で「結果的に」さまざまな知識やスキルを獲得していくわけです。

従来型の学習のようにテストや進学などの目的があると、あまり探究的であるとはいえません。さらに、他者が評価するということ自体も探究とは相容れません。

以上の理由から探究型学習は、従来型の学校組織や、従来型の価値観を持つ家庭では受け入れにくく、また探究型の学びをナビゲートできる人材も不足しているため、現状では実現が難しい状況といえます。

デューイ自身は「探究」と「思考」は同義で、その目的は過程としての「信念」や「知識」であると言っています。固定化した目的もまた探究的とはいえないわけです。あくまでも仮度めであって、修正や改善・変更が加えられていく前提です。

デューイの哲学は、すべては動的で万物流転のなかにあり、そのなかで探究することは、未来や次の探究に向かって開いている活動だといえます。探究の思考法については、第3章と第4章でもう一度触れます。

グローバル人材に求められる態度とスキル

「グローバル人材」といわれて、どのような人をイメージするでしょうか。

国際バカロレア（IB）[＊13]は、多様性の尊重・探究心・平和への貢献をキーワードとしたグローバル人材の育成を目指す教育プログラムで、理想の学習者像として10の指針を掲げています。これらは、アクティブ・ラーニングや探究型の学びが目指す学習者像とも重なる部分が多く、従来型の教育しか経験してこなかった人にもイメージしやすいと思います。

また、それらの態度の先に獲得が期待されるスキルとして、21世紀型スキル[*14]があります。こちらも10のスキルを挙げて、さらに4つのカテゴリーに分類しています。「生きる力」はいうまでもなく現代社会を生きる力なわけですが、そのためには、テクノロジーの力を利用しつつ、他者との対話を通して探究していくなかで、知識や方法を獲得し、編集していく必要があります。社会の方向性を捉え、学びをプロデュースしていくうえで指針となるフレームだと思います。

「主体的・対話的で深い学び」とは、学習者が内的なモチベーションにより、特定の解答がない問題に取り組んでいく教育であり、能動的に探究的に学んでいくなかで自ら問題を発見し、解決する力を養うことを目指しており、従来型の学習とは大きく異なります。

従来型の学習が「詰め込み」と表現されるのは、外側から規定され、あらかじめ答えを用意された問題を解く能力を開発するという目的によります。

【IBの理想の学習者像】

探究する人	心を開く人
知識のある人	思いやりのある人
考える人	挑戦する人
コミュニケーションができる人	バランスのとれた人
信念をもつ人	振り返りができる人

※『Assessment and Teaching of 21st Century Skills』Binkley, M., Erstad, O., Hermna, J., Raizen, S., Ripley, M., Miller-Ricci, M. & Rumble, M.（2012）を基に作成

【4つのカテゴリーに分類される「21世紀型スキル」】

思考の方法

1. 創造性とイノベーション
2. 批判的思考、問題解決、意思決定
3. 学び方の学習、メタ認知

働く方法

4. コミュニケーション
5. コラボレーション（チームワーク）

働くためのツール

6. 情報リテラシー（ソース、根拠、バイアスに関する研究を含む）
7. ITリテラシー

世界の中で生きる

8. 地域とグローバルのよい市民であること（シチズンシップ）
9. 人生とキャリア発達
10. 個人の責任と社会的責任（異文化理解と異文化適応能力を含む）

※『IB learner profile』©International Baccalaureate Organization 2013を基に作成

デューイはこれらふたつの教育に対する価値観は「伝統的教育」「進歩主義的教育」として歴史上、常に拮抗してきたと分析していますが、「21世紀型教育」は歴史を繰り返すのではなく、その名のとおり新世紀の学びとしてアップデートしていかなければなりません。「教育」の場は、歴史や技術を活かしながら、教師が「教え育てる」場から、お互いが「教わり育つ」場づくりへシフトし始めているといえます。

第3の教育

日本で最も古い探究型スクールのひとつ、ラーンネット・グローバルスクールを立ち上げた炭谷俊樹氏は、「第3の教育」を提唱しています。

第1の教育とは、国や学校、保護者など自分以外の権威を持った人が決定したことに従うタイプの教育、第2の教育は、第1の教育に反発した人が権威に従わずに自由にやっていく教育。炭谷氏は、そのどちらの教育も権力・反権力という構造において、同じ価値観の表裏であると分析しています。

そして、そのどちらにも属さない、自分自身が価値観や哲学を持ち、学びたいことやカリキュラムを考え、自分自身で何かを作り出し、自分自身が社会参画することで社会は変えられると思う人を育てる教育を、「第3の教育」と定義しています。

第3の教育において重要なのは、大人が管理するのでもなく、子どもに任せてしまうのでもない、自主性や自立へナビゲートすることだといえます。

この考え方は、まさに従来型とフリー・スクール［＊15］という両極端な状況を脱却する指針になるものです。

私自身が立ち上げた学習塾「知窓学舎」も「探究型の進学塾」という中庸を行く思想を実践していますが、従来型には合わないがフリー・スクールにも合わないという生徒や保護者のニーズは年々増えてきています。混乱や迷子を少しでも減らすためには、従来型の価値観や学習と激動の社会を、第3の学びや新しい学びを媒介に接続していく必要があります。

自己肯定感と評価

テスト前に「全然勉強してない」という主張を耳にしたことがあると思います。

これは、心理学において自我防衛機制（セルフ・ハンディキャッピング）と呼ばれている、自尊心を守るために予防的に取ってしまう言動です。「全然勉強をしていないから成績が悪くても当たり前である」というふうに、周囲も自分自身も納得させて、無意識に自分自身の評価を下げないようにします。

つまり低い評価を恐れて、あえて本当に何もやらないという、自分の成長にとって逆行する行動を取ってしまうわけです。

このような従来型評価の弊害は枚挙に暇がありません。もちろん、従来型の評価をモチベーションにできる生徒もいますので、評価の基準や方法は、場やメンバーに合わせた選択と調整が必要になるでしょう。

次ページの図は、炭谷氏と私が所属する学会の共同研究として作成したものです。どのように評価すると自己肯定感に影響があるのかを対比することで、それぞれが関わる場でのルーブリック作成の指針になることを目指したものです。

そもそも探究においては、評価という行為自体がナンセンスともいえます。しかし、学校教育に探究を持ち込むとなると、評価に対する探究も必要です。少なくとも従来型の「自己肯定感を下げることにつながりうる評価」だけではなく、「自己肯定感を上げることにつながりうる評価」を積極的に実践してみることに意味があります。

教育界においても「多様性」という言葉が使われ始めて久しいですが、実際、ほとんどの現場では構造に合わない生徒や教師を疎外してしまっているのが現状です。

とはいえ、新しい学びを行なうにしても、第1の教育を実践する学校などの現場では「評価」をしないわけにはいきません。劇的な改革を目指すのではなく、改善と振り返りを繰り返し、プロジェクトベースで探究的に場づくりをしていきたいところです。

【アクティブ・ラーニングにおける学習評価の方法と影響】

自己肯定感を下げることにつながりうる方法

評価の目的

・学校側・指導者側のパフォーマンスを評定するため
・学習者を競争させ序列化・選別するため

学習目標設定

・目標は上から与えられ、学習者本人の選択の余地はないか、限られている
・学習者の興味関心のない目標設定がされる
・学習の目標や意味を学習者が理解しないままになっている

評価・フィードバックの手法

・定量評価のみ
・教員による評価のみ
・学習の結果のみを評価する
・できないことを指摘するが、どうすれば改善できるかを学習者本人が理解できない
・学習者の個性・特徴を無視して枠にはめるような評価

学習の進め方

・教員が進め方を逐一指示し、失敗や回り道をさせない

自己肯定感を上げることにつながりうる方法

評価の目的

・学習者が個々の特徴に応じて成長するため

学習目標設定

・目標や評価は学習者本人が検討できる
・学習者に興味関心のある目標設定がされる
・学習者が自ら目標に意味付けをする

評価・フィードバックの手法

・定性評価のみ、定性と定量の併用
・自己評価・ピア評価
・学習経験（プロセスや結果）を学習者がストーリーを語りシェアする
・学習者自身が自らできていることとできていないことを把握し、次に自分がすべきこと・できることを理解する
・学習者の特徴が生かされ、個性がプラスに生きる評価

学習の進め方

・学習者自身が工夫する機会、自己表現する機会が豊富にあり、試行錯誤できる

※『アクティブラーニングにおける学習評価の課題と対策～自己肯定感を高める評価とは～』
©Toshiki SUMITANI,Kunihiko YAHAGI,Momoki Ohinata 2018

NOTE

［＊1］**ルーブリック**＝学校教育などで目標達成度を評価するために整理した指標。具体的な目標や達成レベルを量的あるいは質的に判断できるように表になっているものが多い。

［＊2］**AI**＝すでに開発されている「人工知能」のこと。AIは哲学者ジョン・サールによって、人間の一部の機能を代替する「弱いAI」と、人間全体に取って代わるような「強いAI」に分類されたが、現状のAIは高性能計算機である「弱いAI」である。

［＊3］**シンギュラリティ**＝「技術的特異点」のこと。「強いAI」の登場を、未来学者レイ・カーツワイルが予測した2045年を指すことが多い。

［＊4］**カリキュラム・マネジメント**＝各教育機関の目的や目標達成のために、発達段階に応じて教育課程（カリキュラム）を編成し、実施と評価を運営管理すること、またその計画。2020年度の学習指導要領改訂では、家庭や地域など学校外での活動に加え、教科横断的な改善が求められるため、学際的な視点を持つカリキュラム・マネージャーの必要性が高まってきた。

［＊5］**インターフェース**＝ふたつ以上のものの境界において共有される部分のこと。抽象化や編集により双方が情報を伝達できるように揃えること。その意味で、共通の言語や共通の経験、お互いを知ろうとする態度などもインターフェースといえる。

［＊6］**ブルーム・タキソノミー**＝1973年にアメリカの認知心理学者ベンジャミン・ブルームらによって作成された「教育目標の分類学」を指す。認知領域・情意領域・

精神運動領域の3領域が設定されたが、ブルームらによって開発されたのは認知領域と情意領域のカテゴリーのみ。そのなかでも日本においては認知領域のものだけが引用される傾向がある。

［＊7］**クロード・レヴィ＝ストロース**＝アメリカ先住民の神話研究者であり、構造主義の祖のひとり。代表作『野生の思考』（1962）のなかで、ブリコラージュしていく知を「野生の思考」、それに対して近代以降のエンジニア的な思考を「栽培された思考」と対比した。

［＊8］**サード・プレイス**＝アメリカの社会学者レイ・オルデンバーグの分類によれば、ファースト・プレイスは自宅など生活を営む場所、セカンド・プレイスは学校や職場など長時間過ごす場所、サード・プレイスはそれ以外の居心地が良く創造的な交流が生まれる場所としている。

［＊9］**マイケル・ポランニー**＝（1891〜1976）ハンガリー出身。1933年にナチスの人種迫害を避けて渡英、マンチェスター大学物理化学教授を経て社会科学者に転身し同大学の社会学教授、オックスフォード大学主任研究員を歴任した。主著は『暗黙知の次元 言語から非言語へ』（1966）。兄は経済人類学者カール・ポランニー、息子はノーベル化学賞を受賞したジョン・ポランニー。

［＊10］**ジョン・デューイ**＝（1859〜1952）アメリカの教育学者。シカゴ学派の中心人物としてプラグマティズムを牽引し、とりわけ「経験」と「探究」についての思想は現代の教育に大きな影響を与えている。主著は『論理学：探究の理論』（1

908）、『民主主義と教育』（1916）。

［＊11］**プロジェクト・ベースド・ラーニング**＝デューイが1910年に『われわれはいかに考えるか』で提唱した、問題解決の過程において反省的思考が働き、それによって新たな知識や能力、態度が習得されるという学習方式。結論よりも過程と振り返りを重視した。

［＊12］**自己目的的**＝将来の利益や見返りを期待せず、それ自体が目的であること。フロー理論を提唱したチクセントミハイによれば、行為そのものが目的である時にフロー（没頭）状態になりやすいという。大半の「遊び」は自己目的的といえる。

［＊13］**国際バカロレア（IB）**＝International Baccalaureate。1968年にスイスで始まった教育プログラム。IB認定校では、国際的に通用する大学入学資格が取得できるため、海外進学を希望する学生に人気があり、政府も2020年までに200校以上にする方針を掲げているが、対応できる教員数の不足や、一般的な日本の大学受験との相性などが問題となり、認定校の数はまだ少ないのが現状。

［＊14］**21世紀型スキル**＝21st Century Skills。2002年にアメリカで設立された「21世紀型スキルのためのパートナーシップ」プロジェクトが提案した、21世紀型の学びの目標となるスキル。これらのスキルを育成するために学習者の立場から学習環境を構築することや、本来持っている知識や能力を活用することに焦点が当てられている。これらの研究と実践は現在「ATC21S」プロジェクトに引き継がれている。

［＊15］**フリー・スクール**＝アメリカにおいては「第2の教育」「脱学校」を目指す教育施

設を指すが、日本においては不登校や登校拒否の児童・生徒のために学習支援をする施設を指す。日本はホーム・スクーリングが制度化されていないため、フリー・スクールや、より少人数で最新の技術を活用するマイクロスクールにも期待が寄せられている。

第2章

答えのない「問題」をどうやって教える?

「思考力型」問題の分析とアプローチ

石川一郎

東京大学の入試問題を分析する

いわゆる「思考力型」の問題にもいろいろなパターンがあります。本章では、実際に出題された入試問題にフォーカスし、その意味とアプローチについて掘り下げてみようと思います。

①後鳥羽上皇が隠岐に流さる原因となった事件について、その事件がその後の朝廷と幕府に与えた影響にも触れつつ、2行（60字）以内で述べなさい。

（平成31年度・東京大学前期日程　地理歴史）

②2020年には東京でオリンピック・パラリンピックが開催される予定であり、2025年には大阪で万博（万国博覧会・国際博覧会・World Exposition）が開催されることが決定した。こうした国際的で大規模なイベントを現在の東京や大阪に誘致し開

催することの是非を、過去に開催された東京オリンピック（1964年開催）および大阪万博（1970年開催）と比較しながら多面的に論じなさい。

（平成31年度・東京大学外国学校卒業学生特別選考小論文問題）

③発明や発見は人間の独創的な活動によってもたらされ、新しい価値を生み出し、社会に様々な価値を与えてきた。これまでの人類の歴史のなかで、あなたが特に独創的と感じた発見や発明を一つ取り上げ、なぜそう感じたのか述べなさい。また、あなたにとって真の独創性とはどのようなことか述べなさい。

（平成30年度・東京大学工学部推薦入試小論文課題）

ここで紹介させていただいた3問は、すべて東京大学の入試問題です。ざっと目を通してどのようなことを感じますか？　東大の入試というと「ものすごく難しいのではないか」とか「クイズみたいなレアな知識を問われるのではないか」という印象を持たれていたかもしれませんが、特に②と③は、なんとなく手が届きそうな気がしませんか。

東京大学の入試問題は、難問や奇問ではなく、知識としては教科書レベルで十分対応可能です。しかし、教科書全般を俯瞰して、そして時には複数教科の学びを横断して解答することが求められます。

①〜③のなかで、どの問題がいちばん点を取りやすそうですか？

近年、大学受験の日本史に触れている方は、①とお答えになるでしょう。

では、②と③はどうですか？ 受験とは離れた世界で生きている方で、これらの問題に興味を持つ方は多いと思いますが、受験生にとっては、できることなら避けたい問題ではないでしょうか。

では、それぞれの問題を首都圏模試センターの思考コード（※第1章参照）を使いながら分析してみます。

まず①の問題で問われているのは、思考コードのA軸とB軸です。

●「事件（承久の乱）」について正しく知識を再現できるのか……A軸

●「承久の乱が幕府と朝廷に与えた影響」に関して論理的に表現できるのか……B軸

教科書の本文に書かれている内容ではありますが、求められていることを「2行で」過不足なく表現しなくてはならないのです。

この「過不足なく」というのがかなりやっかいで、ようするに、ポイントを的確にかつひとつも欠けることなく、無駄な言葉を省いて、文章にまとめるという意味です。

このような出題は、旧帝国大学設立の目的が国家を担う優秀な官僚養成であるということに由来していると考えられます。一問一答では対応できない「原因と影響」を過不足なく2行でまとめる、「政策」が与えた原因と影響をわかりやすくコンパクトにまとめる能力は、施策を具体化するときに重要な能力といえます。

次に、②の問題です。2020年のオリンピック・パラリンピック、2025年の万博の開催の是非を、過去に日本で開催されたものと比較しながら、「多面的」に論じることが求められています。なかなか興味深い問題で、予算策定における理論武装をする際、企画書を作成するには必要不可欠な能力が求められています。

②の問題は、「多面的に」と言っているので、時代や社会の背景を十分に過去と比較しながら論じる、経済的な波及効果や予算の捻出、施設の開催後の活用、開催に向けた広報などの観点で述べていく必要があるでしょう。また、オリンピック・パラリンピックでは選手の強化、万博では未来を見据えた産業の育成、それをどのようにサポートするかなど、さまざまな視点から論じることが求められます。

実際の招致に向けては、膨大な書類が作成されたはずで、それをこの小論文の問題では、ポイントを抽出してまとめることが求められています。実際にテストの時間内で解答用紙に書き上げるのは並大抵のことではありません。

内容的にも、教科書に書いてある知識だけでは合格に到達できる小論文にはならないでしょう。日本における過去の事例だけでなく、他国の状況、あるいは一般的なイベントがどのような影響をもたらすのか、また「開催することの是非」とありますので、良い点だけでなく問題点にも触れる必要があります。広範な知識をつなげる統合的な分析力と判断力が求められています。

このような問題に従来型の学びだけで対応するのは困難です。教科書に出てくる事象を知識として獲得したあとに、仲間と意見を戦わせるような経験の積み重ねがものを言います。

この問題は思考コードでいえば、

●「イベントの是非、その影響」を分析する……B軸

A軸で必要とされるような知識の限定はありませんが、幅広い教養が問われ、多面的な分析と影響を予測するB軸の力が問われている問題です。

最後に、③の問題です。

「発明や発見」というワクワクする響きのある言葉が登場して、頭の中がいい意味で覚醒してきたと思ったところで、「あなたが独創的に感じた」という表現によって、「独創的」とは具体的に自分自身にとって何だろう、という深い思索に引き込まれる問題です。

今まで人類が生み出した「発明」、見つけ出した「発見」。それが、どのような価値を生み出し、社会に価値を与えてきたのか。ただ単に「すごい」「画期的な」というだけでは、

まったく文章になりません。

世界を変えた三大発明と言えば、「火薬・活版印刷・羅針盤」とされていますが、それぞれがどんな点で独創的なのか、そして社会にどのような価値を与えていたのかを考えるためには幅広い知識が必要でしょうし、社会的なつながりを推測していくことも求められます。


考慮しなければならないのは、「発明」や「発見」は必ずしもいいことばかりではないという点です。

「活版印刷」の発明によって、情報を多くの人と情報を共有する手段を得たわけですが、情報には人類にとって良いものも悪いものもあり、クリティカルに分析する必要があります。自分自身が何にこだわっているのか、それを「なぜそう感じたのか」という理由も含めて説明しなければならないのです。

最後は「独創性」という抽象的な言葉の定義を、「あなたにとって真の独創性とは何か」と、これも自分の価値観を踏まえて説明することが求められています。この問題は、豊富な知識を有しているだけではなく、物事を突き詰めて考えることが求められており、実際に求められている600字から800字にまとめることは、相当難しいのではないでしょうか。

この問題は思考コードでいえば、

●「もしあなただったら、どんな発明や発見を研究によって達成したいですか、それはなぜですか?」……C軸

まさに創造的な思考を、受験生の価値観を確認しながら求めていこうとする、さすが日本の最難関の大学の問題です。

今、日本が求めている素養を持った学生を選抜する最高レベルの入試問題なのですから、東大の問題を分析し参考にすることは、教師に限らず大いに意味があります。

これらの「問題」は授業で教えられるのか？

次に、この3問を試験のタイプと、社会に出て役に立つかという視点から解説してみたいと思います。

まず、①の問題。いわゆる東京大学の地理歴史の2次試験の前期日程に多いタイプの問題です。日本史を教えてきた教師サイドからすると、授業にしっかりと取り組み、丸暗記でなく内容を把握しているかどうかがわかる問題で、かなりの「良問」といえます。

現状の一方通行の授業のスタイルでも、生徒は十分対応可能な問題です。正解はもちろん存在しており、過不足なく知識を再現することで得点になります。

東京大学は、センター試験のあとに前期日程の試験が実施されますが、地理歴史は2科目を選択することが求められます。私立大学の入試で地理歴史が2科目必要な大学は現状どこもありませんので、東京大学の受験対策として地理歴史を2科目学ぶことは、物理的に大きなハードルといえます。

受験の社会科の問題で膨大な知識を暗記された方は、それだけで避けたくなるかもしれません。しかし、東京大学の地理歴史の入試問題では、私立大学の難関校に比べると重箱の隅をつつくような知識問題は出題されません。この問題のように教科書レベルの知識で対応できます。しかし、だからといって簡単な問題ではありません。歴史のある事象に関して、その背景と影響を含めて、前後の時代と比較して検証する力が問われています。

教科書を断片的に理解しているのではなく、前後の文脈まで俯瞰的に読み込んで理解していることが求められます。

では、この問題に正解できたら社会に出て役に立つのか。残念ながら、承久の乱という出来事自体をいくら語ることができても、歴史の専門家や大学入試で日本史を教えている教師以外にとっては直接活用できるものではないでしょう。史実を正しく因果関係を含めて理解しているというだけでは、受験でしか役に立たないのではないかと思います。

次に、②の問題です。この問題は外国学校卒業学生対象の小論文、いわゆる帰国子女向けの入試です。例年、この外国学校卒業生対象の入学試験問題は公表されていますので、ぜひ東京大学のホームページから閲覧してみてください。前期日程とはまったく異なる、ユニークで、考えることが楽しくなる問題が出題されています。

さて、ここで考えたいのは、なぜこの問題が前期日程ではなく外国学校卒業生対象なのかということです。この問題を考えていくことは、授業のなかでPBLを普段から実践していないと難しいのではないかと思います。根拠を示しながら自分の考えを発言する、他人の考えをロジカルに聞く、そして議論をするというサイクルを繰り返しながら、最後に自分の考えを文章にまとめる。こうしたトレーニングをしているかどうかが、②の問題に対応できるかどうかの分かれ目となります。出題者サイドが、「外国の学びを経験していれば、この問題には対応が可能だろう」と考えているのでしょう。

逆にいえば、前期日程で②のような出題するのは、ふたつの理由で難しいと考えられます。第一に、日本の高校で、前述のようなPBLの授業がほとんど行なわれていないことが挙げられます。小論文対策などはあるかもしれませんが、だいたいが添削型で、他者と議論してから文章にするような授業にはなっていません。

第二は、採点の問題です。文系の受験生は3500名くらいいます。大半の受験生は前期日程を受けますので、試験日から発表までの日数でそれだけの受験生の答案を採点するのは物理的に厳しいといえます。②の問題は、高校で学んだことをベースに世の中に出て活用できるような学力を測ることができる、とても良質な問題といえます。

最後に、③の問題です。この問題は、工学部の推薦入学の問題です。今回の新学習指導要領の3本柱のひとつ「学びに向かう力」を課題にしたような内容です。高校で学んだことから、自分自身で「発明」や「発見」などに関して本を読んだりしながら探究していく、そして自分なりの独創性の概念も創りあげていく、といったことが求められています。

こうした問題を教師はどう教えるのか

では、このような問いに対する教師の役割は何かを考えてみたいと思います。

この問題を授業で「教える」ことはできるのかというと、構造的に絶対にできません。

「発明」や「発見」の一部を取り上げて、どんな内容で、それがどのような影響をもたらしたのか、ということは教えられますが、「あなたが特に独創的と感じた」というのはそれぞれの「自分軸」が前提にあり、当然みんな違うものになります。「自分軸」を作るためのナビゲートはできますが、単発の授業で効果を出せるようなものでもありません。多様なテーマについて対話を重ねながらできていくものです。

当たり前のことですが、授業では「知識」を中心に教えていきますが、その知識は世の中のほんのひとかけらでしかありません。限られた授業のなかの、限られた内容でしかないのです。ですから大事なことは、授業で取り上げたひとかけらの「知識」から「知識を得ることの楽しみ」を生徒たちが感じることではないでしょうか。

得ようとすれば、教師がいなくてもいくらでも「知識」を得ることはできます。そうやって主体的に探究した先に、この問題のそれぞれの答えがあるといえます。

さらにこの問題では、「あなたにとっての真の独創性」とは、という問いも設定されています。これは、授業で取り上げることは可能なのか。現状の日本の教育ではとても難しいと言わざるを得ません。

なぜなら、哲学や宗教の授業がほとんど行なわれていないからです。予定調和的な「道徳」や概説的な「倫理」の授業は設定されていますが、人生観を形成するような授業はありません。「真の独創性」を考えるためには何が必要なのか、根本から考え直す必要があります。

東京大学の推薦入試に「受験対策」をいくら追い求めていても限界があることは、予測不可能な未来を生きていく私たちが目指すべき学びの本質が、どこにあるのかを表しているのではないかと思います。

アドミッションポリシーを中学受験で反映する

次に、中学受験についても見ていきたいと思います。中学の入試問題は、本来は各学校が自校の教育でこだわっているところを中心に考えられるものです。中高一貫校であれば、卒業時にどのような力を身につけてほしいかを示すディプロマポリシー［＊1］、それを実現

Part III Writing
Directions:
Read the following question and write an essay to answer it. Your essay should have an introduction paragraph and two or three supporting paragraphs followed by a conclusion paragraph.

•Who in your life has had the biggest influence on you and why?
(訳)「あなたの人生で誰があなたに最も大きな影響を与えていますか、それは何故ですか？」

(聖ドミニコ学園　帰国生入試サンプル問題)

する教育内容であるカリキュラムポリシー[＊2]、それらをベースに、入学者に求めるアドミッションポリシー[＊3]があるわけです。

ディプロマポリシーと大学入試問題との親和性があれば、学校で学んだことを大学入試で存分に発揮できます。

中高一貫校としては、6年間の自校の学びで、前述した東大の帰国生向けの問題、推薦入試の問題に立ち向かえるような能力とマインドを身につけてほしい。そのためには、中学受験の段階で、次に紹介するような問題にチャレンジし、たとえ完璧でなくても考えて表現しようとするような生徒に入学してほしい。そこで、中学入試も思考力型の問題が年々増えてきているわけです。

右ページの問題は、私がカリキュラム・マネージャーを務めている聖ドミニコ学園のもので、いわゆる「エッセイ・ライティング」の問題です。シンプルですが深みのある問題です。

求められているポイントはふたつ考えられます。

ひとつは、自分自身の人生を俯瞰して、考えて、表現すること。「影響」とは何か、ということを自分自身で規定しながら考える必要があります。

もうひとつは、文章の表現の仕方です。

「introduction paragraph」で誰が影響を与えたかをはっきりさせたうえで、次に「two or three supporting paragraphs」で最初の文書をサポートする文章をふたつ、ないし3つ書く、そして「conclusion paragraph」、結論づける。

この問題では、いわゆる「5PARAGRAPH　ESSAY」というエッセーや小論文を書くうえでの公式フォーマット（次ページの図を参照）を用いることが求められています。

【「5PARAGRAPH ESSAY」のフォーマット】

Introduction（緒言）
テーマ、トピックの概要、及び
話題への導入、主張／
主題の紹介

Body1 Section
Narration（予告）
トピック、主張、主題に対し読者の関心を
向けるような背景となる先行文献の紹介。
あるいは、このエッセーの外観（overview）を示す。

Body2 Section
Affirmation（肯定）
主張を支持する証拠、引用の紹介。

Body3 Section
Negation（否定）
主張に不利な証拠を挙げ、
「反論」または「譲歩」のいずれかを行なう。

Conclusion（総括）
議論をまとめ、関連する問題や
より大きな問題との関係を示す。

また、東京大学の「真の独創性」を論じる問題と同様に、「自分軸」を持っているだけでなく哲学的な素養も求められているといえます。

思考力の連続性をマネージする

次に、かえつ有明中学校の思考力テストの問題を紹介します。

最後の問題は、「今後、私たちが「情報」を伝えたり、受け取ったりする際に、気をつけなければならない点について、あなたの考えを述べなさい」というものです。この問題も、東京大学の②や③の問題とかなり通じているところがあります。「情報化社会」という生徒たちが今後向き合っていく課題に対して、一人ひとりがどのように考えて行動していくのかを問う、学校のポリシーが反映されている素晴らしい問題です。

ここでもうひとつ、注目しておかなければならない点があります。それは、この問題が「課題6」であるということです。この問題の解答をいきなり書ける受験生もいるかもしれません。しかし、大半の生徒にとっては難しいでしょう。何かを考えたい、書きたい、と

2019年度・かえつ有明中学校　思考力テスト

［**課題1**］○に、「りんご」から連想されることばを書き入れなさい。

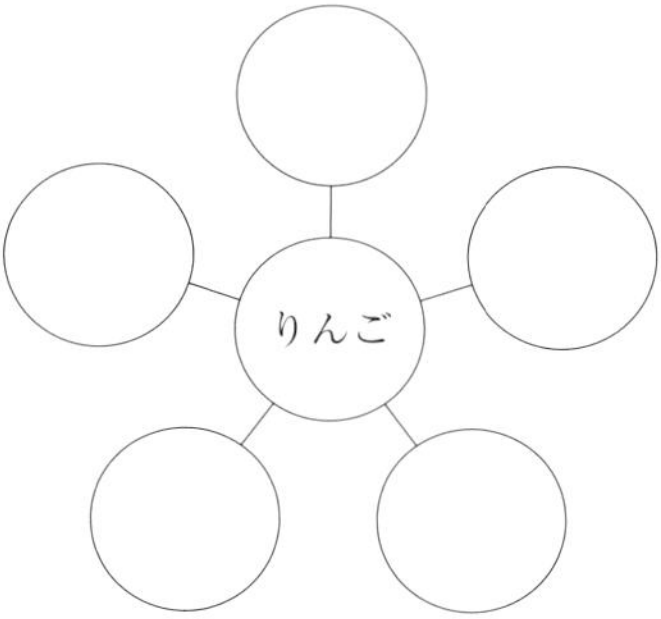

［**課題2**］りんごについての資料Ａ～Ｄについて、後の問に答えなさい。

A

リンゴは、直径五センチから九センチほどの丸い果物です。しかし、近づいてよく見ると、まん丸ではなくて、両端《りょうたん》にくぼみがあります。さらに観察すると、リンゴによっては表面にきらりと光沢《こうたく》があって輝きを放っているつややかなものもあれば、深く濃厚《のうこう》な色調で、つやがなくザラザラしていてまだらなものもあります。色みも白みがかった緑色や黄金色、赤褐色《かっしょく》や真紅などさまざまですが、たいていは一様ではありません。光沢のある緑のリンゴといっても、微《び》妙《みょう》に違っていて、薄い点や縞《しま》がここかしこに入っていたり、ところどころ色が濃くなっていたりします。熟したあとは全体的に鮮やかな緑色のままでありながら、部分的に輝くような温かみのある真紅に変色したりして、とくに目立った違いが出るリンゴもあります。

B

リンゴはバラ科の植物です。この科に属するものにはほかにナシ、イチゴ、ビワなどがあります。リンゴの花は4～5月に開花し、8～11月に果実として収穫《しゅうかく》されます。花から果実に変化するのは、次の図の通りで、果肉の部分は、花托と呼ばれる部分が発達したものです。

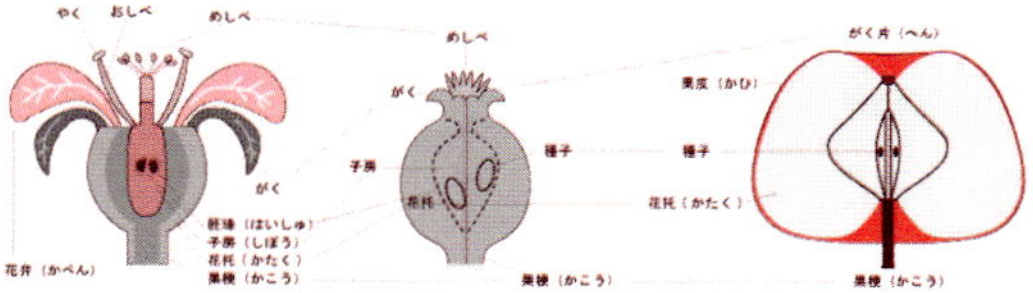

https://www.ringodaigaku.com/study/study01.html

C

リンゴは1日1個で医者いらずと言われるように、美味しいだけでなく様々な高い栄養素が含まれています。約85%は水分で、残り15%はカリウム、食物繊《せん》維《い》、有機酸、ビタミンC、果糖、ブドウ糖、ショ糖などからできています。カロリーは100gあたり54kcalです。ビタミンCが豊富なため、老化防止や美肌効果があります。また、リンゴの皮には食物繊維が多く含まれていて、肥満の防止やコレステロールの上昇抑制《じょうしょうよくせい》に効果があります。さらに、ポリフェノールの一種であるカテキンが豊富で、高血圧の予防も期待できます。

D

リンゴは、神話などの中で、禁断の果実とか、智恵の果実などとして描かれることがあります。ただし、ヨーロッパでのリンゴ（アップル）は日本語でなじみのある「林檎《りんご》」だけを指すのではなく、果実全般を指し示すようです。聖書には、イヴに誘われてアダムもいっしょにリンゴを食べたせいで、二人は自分たちが裸であることに気づき、エデンの園から追放されたと書かれています。ギリシャ神話では、ヘスペリデスの園にある黄金のリンゴは生命の木の実で、これを取ることがヘラクレスの十二の功業※の一つでした。リンゴは愛の女神アフロディテの贈り物でありました。本当に、どの文化にもリンゴにまつわる独自の物語があります。

※功業：てがら

問1　AとBの説明の仕方ではどのような点が異なりますか。気づいた点についてあげなさい。（いくつ書いてもかまいません。）

問2　A～Dの文をすべて読んでもリンゴについて分からないことがありそうです。あなたならどのようなことを調べますか。ひとつ書いてください。

［**課題3**］資料ＥとＦを参考にして後の問いに答えなさい。

Ｅ

りんご　山村暮鳥

両手をどんなに
大きく大きく
ひろげても
かかえきれないこの気持ち
林檎が一つ
日あたりに転がっている

Ｆ

問1　資料Ｅを読んで、作者に質問するとしたら、どんな質問をしますか。ひとつあげてください。さらに作者の気持ちを想像し、その質問の答えを書いてください。

問2　資料Ｆはセザンヌという画家が描いた「リンゴとオレンジのある静物」という絵です。この絵を見て思ったことや、不思議に感じたことを書き出してみましょう。またその理由も書いてください。

問3　資料ＥとＦは、資料Ａ～Ｄとはどんな点で異なりますか。次のうちからもっともよく説明しているものを選び、記号で答えなさい。

ア　Ａ～Ｄは、りんご（リンゴ）の印象について、さまざまな面あら説明しているが、ＥとＦはリンゴの性質についてわかりやすく説明している。

イ　Ａ～Ｄは、事実を客観的に説明しようとしているのに対して、ＥとＦはりんご（リンゴ）を見る（描く）人のものの見方が表れている。

ウ　Ａ～Ｄは、すべて科学的な視点から説明しているが、ＥとＦは非現実的な表現を用いている。

オ　Ａ～Ｄは、インターネットで検索できる情報であるが、ＥとＦは書籍からしか情報を得ることができない。

［**課題4**］右のマークはアイフォーンやMacというコンピューターを販売しているアップル社のロゴ（会社のマークです）。このようなマークは、メッセージで伝えていることがしばしばあります。リンゴが使われているのは、ニュートンがリンゴの木の下で万有引力の法則を発見した、という話に基づいているということです。リンゴが一口かじられていることにも意味が込められているそうです。

＊実際のテストの図版とは異なります（写真＝銀座のアップルストア©123RF）

問1　あなたはこの「一口かじられていること」にどのような意味が隠されていると考えますか。実際の理由が何であるかにかかわらず、あなたなりの理由を考え、書いてください。

［**課題5**］次の有介さんと明里さんの会話を読んで、あとの問いに答えなさい。

有介　情報を伝達する手段として、（①）による説明を使わず、絵や（②）などでつたえるものをピクトグラムというんだ。

明里　トイレの男女の人のマークや非常口のマークは街の中でよく見るわ。

有介　1964年の東京オリンピックでは、外国人向けの案内板が整備されていなかったので、来訪者をもてなす方法としてピクトグラムが考案されたと聞いたよ。

明里　世界には約6900もの（①）があると聞いたことがあるわ。来年のオリンピックでもたくさんの国から（①）・文化・（③）の違う外国人の方々が訪れるけど、どの国の方々にも理解できるようにするためには、さらにわかりやすいピクトグラムが必要になるわね。

有介　どんな国の人にも正確に伝わるためにはどんな工夫をすれば良いかな。

明里　伝えたいメッセージを明確にすることと、誰もが理解できる適切な絵や（②）を使うことが大事だと思う。

有介　言葉の壁をできるだけ低くして、彼らが安心して歩ける街をつくることが大切なおもてなしの一つだね。

問1　（①）～（③）にあてはまる語句を次から選び、それぞれ記号で答えなさい。ただし、同じ数字のところには同じ語句があてはまります。

問2　「どんな国の人にも正確に伝わるためにはどんな工夫をすれば良いかな」という質問に対して、明里さんが答えている2点以外に、ピクトグラムをつくるときに、どのような点に気をつけるといいと思いますか。あなたの考えをひとつ答えなさい。

問3　来年の東京オリンピックで使われることを想定して、外国人に「やさしいおもてなし」としてのピクトグラムをつくってみましょう。次のA～Cの場面からひとつ選んで記号を書き、作成しなさい。また、工夫した点について述べなさい。

A　ここではすべての飲み物がフリー（無料）です。
B　お手伝いが必要な場合は何なりとお申しつけください。
C　このレストランの食材はすべてオーガニック※です。

※オーガニック…化学肥料や農薬を使用しない野菜や、添加物を入れていない食料品などをさす言葉。

［**課題6**］近年の技術革新によって、“より広く”“より素早く”「情報」を伝えたり、受け取ったりできるようになりました。今後、私たちが「情報」を伝えたり、受け取ったりする際に、気をつけなければならない点について、あなたの考えを200字以内で述べなさい。

いうマインドがあっても、どんな素材をどのように組み立てて自分の意見にするのか、という点が多くの小学生にとっては難しいのです。そのために、「課題1」では、「りんご」から連想されることを答えさせています。そして、「課題2」以降では「りんご」の情報を多面的に収集して、分析するプロセスをたどっていきます。そして、情報化社会の象徴であるGAFA〔＊4〕のひとつ、Apple社の社名の由来に触れて、「りんご」と「情報」がつながっていきます。

「りんご」の問題はケンブリッジ大学でも出題されています。

「あなたならりんごをどう説明しますか」（社会学・政治学）

文字どおり、果物の「りんご」と捉えてしまうと解答のバリエーションは途端に少なくなってしまいます。

たとえば象徴として「りんご」を捉えれば、前述のように、情報やコンピューター、ニュートンや物理学、あるいはエデンの園や知恵を連想する人もいるでしょう。また、「リンゴのような○○」と喩えられたときに、私たちが何を「りんごらしさ」と感じているのか、色なのか味なのか雰囲気なのか属性なのか、さまざまなアイデアが浮かんでくるはずです。

学校の授業のなかで文理を越境してさまざまなことを学び、それらを組み合わせて自分の人生を考えていく――そうしたポリシーがこの問題には反映されています。

受験のために詰め込む受験勉強ではなく、問題に触れて考えることで、その後の人生を豊かにするきっかけになるような入試問題もあることを改めて強調しておきたいと思います。そして、そのようにワクワクする問題を出す学校こそ、自分にとって相性の良い学校である可能性があるのです。

NOTE

［＊1］**ディプロマポリシー**＝ディプロマとは学位のこと。どんな力が身についたら学位を授与するのかを示したもの。

［＊2］**カリキュラムポリシー**＝学位を授与できる状態にするために、どのような授業構成をするのかという方針を示したもの。

［＊3］**アドミッションポリシー**＝カリキュラム・ポリシーに沿って授業を受ける準備ができている生徒を選抜するために、どのような生徒に入学してほしいかを示したもの。

［＊4］**GAFA**＝「プラットフォームサービス」により個人情報を集積・活用することで大規模な社会的変革を推進しているIT企業4社、Google・Amazon・Facebook・Appleの総称。「ガーファ」と発音される。

第3章

想像力を伸ばすための授業デザイン

「探究的学びモデル」と「母語力」の重要性

矢萩邦彦

探究で磨くべき力は「想像力」

さて、いよいよメインテーマである新時代に向けて伸ばすべき力について考えていきたいと思います。私が探究型の学びで最も重視しているのが「想像力」と「国語力」です。「想像」という熟語は、明治時代に西周《あまね》［＊1］らによって「imagination」の日本語訳として紐づけられました。そのため、現実には存在しないものや、現実とは違ったものを心に思い浮かべることというような解釈が一般的になってしまいました。つまり、自由な空想や妄想に近い意味です。

しかし「想像」は、江戸時代までは「推し量る」「思い遣る」という意味で使われていました。これは相手の性格や性質、それまでの文脈、場の流れや空気、環境や情勢、そういったものを前提に考えることができる力が「想像力」だったといえます。まさに、答えのない問いに立ち向かうために必要な力、思考コードでいうC軸の力です。

一枚の写真を使って引き出す多くの思考

そのような、本来的な意味の想像力を養うためにはどうしたら良いでしょうか。私が推奨している「想像力教育」の具体的な方法のひとつが、あるテーマを扱う際に「認知→想像→共有→経験」という流れで設計をし、さらに問題を作る際に、「推測・共感・予測・構想」という4つの要素を入れていくというものです（次ページの図を参照）。

想像するためには、まず素材を「認知」する必要があります。基本的には「観察」から入ることがほとんどですが、その際のポイントとしてどこが気になったか、「違和感」を覚えたところはないか、どんな構造をしていて、何と似ているかなどの矢印を提示します。それらを考え、インプットを整理することで想像の準備ができます。

次に「想像」のフェーズです。この過程が肝になります。目の前にあるものと、自分が

【探究的学びモデル】

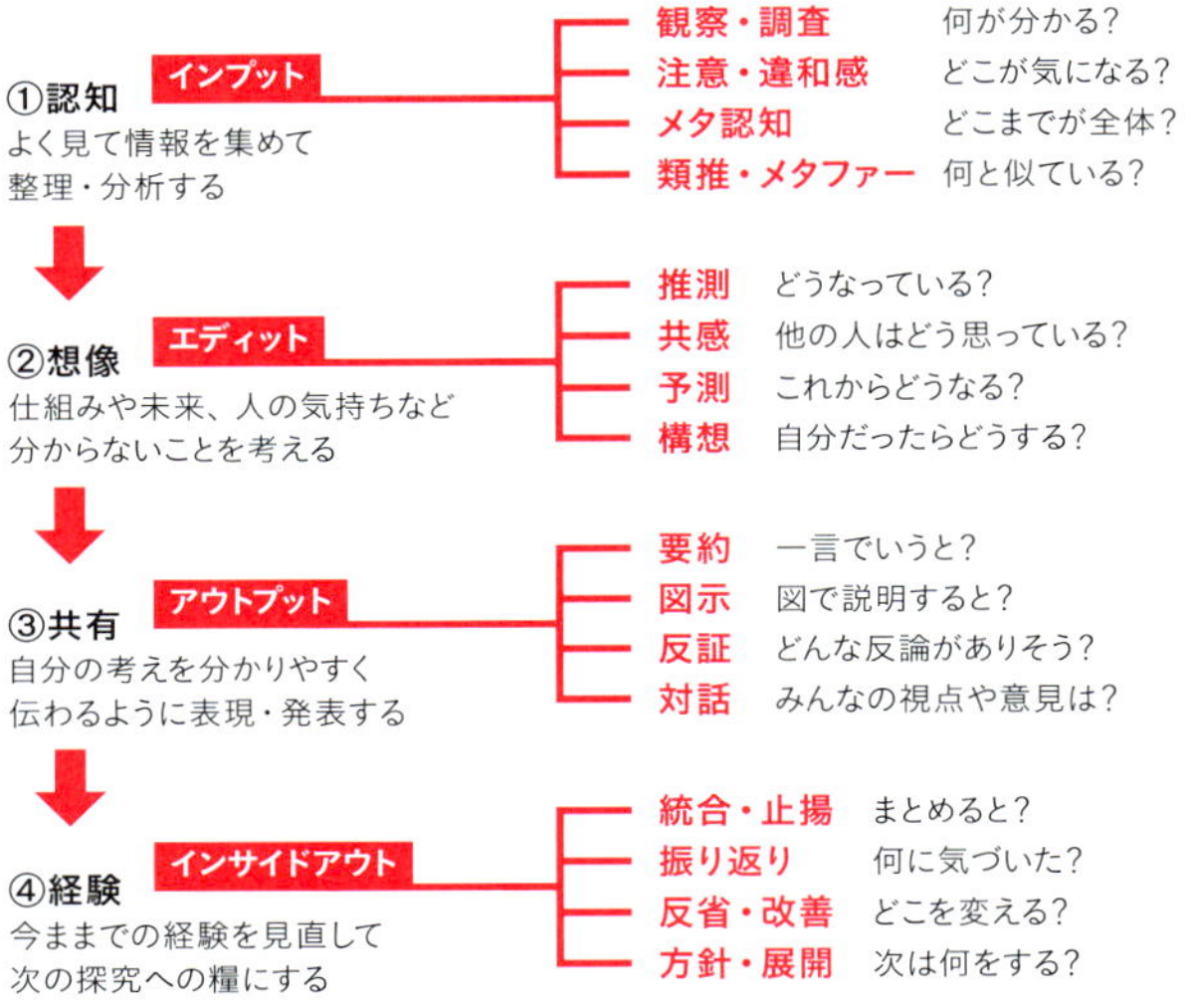

©KunihikoYAHAGI/教養の未来研究所2019

知っていることを活用しながら想像していくので、あえて「エディット」としています。0から1を創り出すクリエイトではなく、あるものを活用して組み合わせていく編集的な活動と捉えたほうが正確でイメージもしやすいと思います。

第1章で取り上げたブリコラージュ的な活動です。私自身は「想像力」と「編集力[*2]」はほぼ同義であると捉えています。

「推測」は観察による情報分析と、自分の知っている知識とを組み合わせて、それがどうなっているのか、なぜ起きたのか、などを想像することです。

「共感」は自分以外の人や、一般的にはどう考えている人が多いのかなどを想像することです。

「予測」はこれからどうなっていくのか、その情報や技術はどのように転用されていくのか、どのように社会に影響を与えるのかなどを想像することです。

「構想」は自分だったらどうしたいか、どうなってほしいか、どのように活用するのかを想像することです。

次に想像したことを共有しますが、実際は想像しながらシェアしていったほうが、対話的で、考えも深まります。アウトプットを形として残すのであれば、振り返りとしてログを残すほうが効果的かもしれません。

このように方向性を示して想像することで、単に感想や意見を求めるよりも明確に思考を引き出すことができるようになります。

では、実際に授業で使った例を紹介します。

まず、下の写真だけを観察して何がわかるかを問います。

すぐに「流氷」や「南極」という意見が出ることが多いですが、じっくりとほかの意見を待ちます。そうすると「発泡スチロール」だとか、「テーブル」だとか、「滑走路」、「ホテル」、「モノリス」、「現代アート」など、いろいろな意見が出てきます。

ある程度多様な意見が出たら、何の写真なのかを明かします。実はこれ、2018年にNASAが南極で発見した、四角い氷床の写真なのです。

ここからは、答えのない想像のフェーズになります。

【問題】下の写真からわかることはなんでしょうか？

（写真＝NASA）

いったいこの氷床がどうやってできたのか考えてシェアします（推測）。学年にもよりますが、大抵人工的に作られたものか、自然現象でできたものかで対立し、人工派が多数になりがちです。お互いの意見から、どこに注目をしてどう考えたのかを想像します（共感）。この際「食塩の結晶は四角かった」という意見や「ビスマスは直角だった」というような意見が出ると、一気に場が動き形勢が逆転します。

もし人工的だとしたら、誰が何のために作り（推測）、これからどうなっていくのか。もし自然にできたとすれば、同じ原理でどんなことが起こりうるか、誰がどんなことに活用すると考えられるか、どんな二次的な影響があるかなどを考えシェアします（予測）。また、自分だったらこの四角い氷床やその原理、技術をどのように使うかを考えてシェアします（構想）。

この素材のポイントは、専門家も「ふたつの角がこれほど直角なものは見たことがない」と語っている点です。つまり、結晶構造への圧力のかかり方による自然現象であると考えられるものの、「そうでない可能性もある」ということです。この専門家のコメントから、「写真に写っていない角は直角ではない」という推測がシェアされ、写真やメディアのリテラシーについての探究に移行したクラスもありました。

そもそも従来型の教育に合わない生徒のなかには、「答えを知っている教師に試される構図が耐えられない」という声もあります。そういう意味でも、「予測」や「構想」のようにどんな素材を使っても模範解答がない問いを、生徒も教師も同じ目線で思考して対話・共有することは、集団で探究的な学びを実践するうえで効果的な方法です。

「意識高い系」はいかにして作られたか

「意識高い系」という言葉はリーマンショックと東日本大震災をきっかけに、ネガティブなイメージで使われることが一般化したと感じています。

「行動力はあるがズレている」、「議論やディベートが好きだが、誰かの言葉を継ぎ接ぎしたような本質的ではない言動が多い」、「承認欲求や自己顕示欲が強くプロセスよりも結果に魅力を感じている」などの傾向が挙げられますが、私はそういう学生を増やしてしまったきっかけのひとつは、これまでの学校改革や授業改革にあったのではないかと考えています。

先ほどの「探究的学びモデル」（102ページ）を見てください。21世紀を迎え、さまざまな分野で「グローバリゼーション〔＊3〕」が叫ばれ出して以降、「共有」の項目は多くの教育現場で取り入れられてきました。しかし一方で、よく観察することや想像するという過程を経ずにアウトプットを求め、フレームワーク的にプレゼンやディスカッションを行ない、評価をしてきました。その結果、評価されそうなアイデアを切り貼りしてしまい、それが高く評価されてしまうようなことがあれば、従来型の「テストのための詰め込み」と同じ状況に陥ってしまいます。

つまり、本質的な探究的な学びの経験を作るためには、いかに「認知」「想像」「振り返り」をナビゲートするかにかかっていると言って良いでしょう。そして、繰り返しになりますが、教師自身が注意深く観察し、想像し、振り返りをするという探究的な生き方をしていなければ、探究をナビゲートすることはできません。

文脈を読む力

次の文を読んでみてください。

「はははははと笑った」

これは、言葉遊びの古典的なものですが、「ハハハハハハと笑った」や「母はハハハハと笑った」あるいは「歯はハハハハと笑った」など何通りかの読み方があります。では、次の場合はどうでしょうか。

「ぼくはがはははと笑ったがはははははと笑った」

この場合は、さきほどのように自由にはいきません。文章が長いほど文脈が存在しますので、部分の読み方や文意は制限されてきます。「僕はガハハと笑ったが」という前半の構造から、後半も同様に「母はハハハと笑った」と読むことがわかります。ほかの読み方では文全体の意味がわからなくなってしまいます。

もう少しメタな視点で見れば、1問目の解答のひとつだった「母はハハハと笑った」が伏線になっているという文脈もあります。

ここまでは、従来型のテストでも必要とされていた「文脈を読む」力です。しかし、社会に出て必要な文脈を読む力はもっと広義です。

切り取られた外側に目を向ける

「ここではきものをぬいでください」

という貼り紙があった場合、「ここで、履き物をぬいでください」なのか「ここでは、着物をぬいでください」なのかをどうやって判断したら良いでしょうか。
実際のシーンを想像すれば簡単ですが、貼ってある場所で推測できます。つまり、文の外側に文脈があるということです。

次のページの入試問題を見てください。これは、2015年に出題された順天堂大学医学部の入試問題ですが、どのように解答すれば良いでしょうか。

21世紀型の入試問題として注目された問題ですが、この問題の文脈は「出題者」にあります。つまり、医学部の入試問題であるということ自体が解答を作るうえでの指針となるということです。これは、従来の問題ではあまり考えられないものです。問題はそれ自体として成立している必要があり、時と場合によって解答が変わってしまうような問題は悪問とされてきました。

しかし、現実に起こる問題は時と場合によって、場所や関わる人によって解決策は変わってきます。そういう問題に対応する力こそが、これからの社会に必要とされている力であり、文科省の言う「生きる力」といえます。

【問題】キングス・クロス駅の写真です。あなたの感じるところを800字以内で述べなさい。

2015年度の順天堂大学医学部入学試験の小論文問題で示された写真

そのためには、どこまでが全体なのかをメタ認知する必要があります。構造として全体と部分を捉え直すことは、抽象と具体を使いこなす能力とも相関します。

探究の方法知

2001年には認知心理学の発展や社会的要請の変化を背景に改訂版タキソノミー［＊4］が作られました。

特徴的なのは、知識次元を、より具体的な内容である「事実的知識」と抽象的で一般化された「概念的知識」、方

【改訂版タキソノミーと精神運動領域】

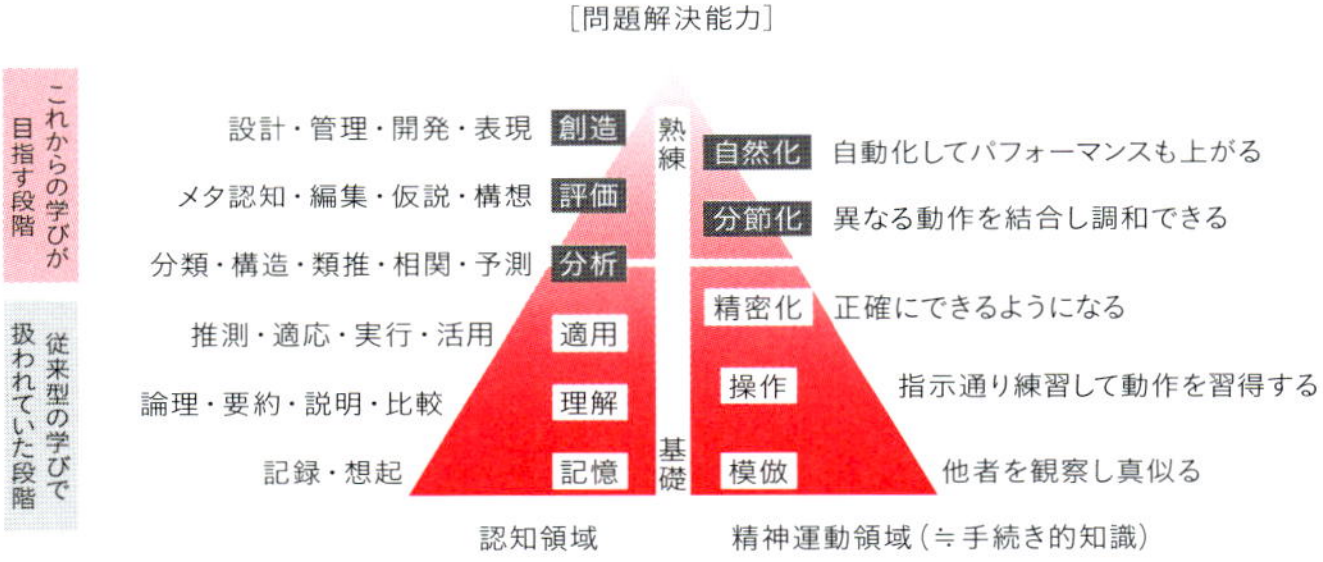

※A taxonomy for learning, teaching, and assessing:
A revision of Bloom's taxonomy of educational objectives.
(Anderson LW & Krathwohl DR., eds.), Allyn and Bacon, 2001
を基に著者が作成

法的な知識である「手続き的知識」、構造を外側から捉える「メタ認知的知識」の4つのカテゴリーに分類していることで、より学びを分析・設計しやすいモデルになっています。

この4つの「知識次元」カテゴリーは、発達段階における認知・理解のしやすさとも対応していると考えられます。このなかで、探究的に学ぶうえで特に注目し活用したいのが「手続き的知識」で、「認知過程次元」よりも「精神運動領域」と対応すると考えるとわかりやすいと思います。

アインシュタインは、「教育とは、学校

【改訂版タキソノミーとテーブルの分類】

<table>
<tr><th rowspan="2">知識次元</th><th colspan="6">認知過程次元</th></tr>
<tr><th>①記憶する</th><th>②理解する</th><th>③適用する</th><th>④分析する</th><th>⑤評価する</th><th>⑥創造する</th></tr>
<tr><td>A
事実的
知識</td><td colspan="3">基礎領域（具体領域）</td><td colspan="3" rowspan="2">複雑領域（編集統合領域）</td></tr>
<tr><td>B
概念的
知識</td><td colspan="3">基礎領域（抽象領域）</td></tr>
<tr><td>C
手続き的
知識</td><td colspan="6">方法領域（精神運動領域）</td></tr>
<tr><td>D
メタ認知的
知識</td><td colspan="6">構造領域</td></tr>
</table>

※A taxonomy for learning, teaching, and assessing:
A revision of Bloom's taxonomy of educational objectives.
（Anderson LW & Krathwohl DR., eds.）, Allyn and Bacon, 2001
を基に著者が作成

で学んだことを一切忘れてしまったあとに、なお残っているもので、その力を社会問題の解決のために活用できる人間を育てることが教育の目的である」と言いました。これは言い換えれば、何を知ったかよりも、どのように考えたのかが重要だということです。

　人間の記憶は海馬で取捨されて大脳皮質に格納されます。しかし、繰り返すことで体で覚えた手続き記憶は大脳基底核という領域に格納され、最も忘れにくいとされています。

　たとえば、自転車は一度乗り方を覚えれば、長期間乗らなくても実際に乗ればすぐに思い出せます。これは本の読み方や想像の仕方なども同じで、そのような方法知が身につくような学びが理想的です。

探究的な学びにおいて、「習慣化」したい方法は4つあります。「探究的学びモデル」の大カテゴリーに合わせて整理すると、①観察の習慣　②想像の習慣　③共有の習慣　④振り返りの習慣――の4つです。

「振り返りまで時間が回らない」「どうやったら良いかわからない」という声は教育現場においても頻繁に聞かれますが、振り返りの習慣は、どのような探究的学びを実践するうえでも欠くことができないものです。

デューイは、主著『論理学：探究の理論』のなかで、「探究の方法にも良し悪しがある」、だから、その探究が有効であったかどうかを振り返り、「それらの方法を抽象すれば、今後のための規範や規準が出てくる」と言っています。

また、探究は「不確定な状況」を「確定した状況」に転化させることだとも言っています。不確定な「疑問」を確定した「経験」に変えていく作業が探究であり、そのためには振り返ることが必要だというわけです。

すべての思考の中心に言語がある

さて、ここからは本章のふたつ目のテーマ「母語力」について考えたいと思います。

中世ヨーロッパではリベラル・アーツ[*5]と呼ばれる7科目が、教養として重視されました。文法・修辞学・論理学という言語に関連する3科と、算学・幾何・音楽・天文学という数に関連する4科というラインナップで、中世においては4科よりも3科が重視されました。

言語はすべての思考の中心となる道具であり、言語を通じて抽象的な思考や論理的推理力を磨くことが、近代までのヨーロッパ知的エリート層にとって最も重要な教養とされていました。

成績が伸び悩んでいる小中学生と対話をすると、かなりの割合で国語力に問題があります。特に接続詞や副詞・助詞を使いこなせていないことが多く、論理的に読み書きができません。そうであれば当然、教科書で自習をすることも困難ですし、授業中もちゃんと情報をやり取りできていないと考えられます。

ここで問題となるのは、学校や塾の国語の授業で、そのような根本的な国語力、すなわち日本語力が身につくのか、ということです。２０２０年から実施される新しい学習指導要領における教育内容の改善事項として、「言語能力の確実な育成」が掲げられました。

言語能力の確実な育成

・発達の段階に応じた、語彙の確実な習得、意見と根拠、具体と抽象を押さえて考えるなど情報を正確に理解し適切に表現する力の育成（小中：国語）

・学習の基盤としての各教科等における言語活動（実験レポートの作成、立場や根拠を明確にして議論することなど）の充実（小中：総則、各教科等）

（『新学習指導要領について』文部科学省）

ここでいう「言語能力」を身につけるためには、どんな教科書・教材を使うかではなく、教える側がいかに言語に習熟し、使いこなしながら対話による授業を行なうかにかかっています。カリキュラムやコンテンツではなく、いわば「方法の実演」による伝授です。そうであれば当然、教師自身がアップデートをしなければなりません。そのためには、何をどうアップデートすれば良いのかをイメージしていく必要があります。

母語力がすべての基本になる

アインシュタインは母語［＊6］であるドイツ語で論文を書いたことで有名ですが、外国語能力が母語能力を超えることはないため、外国語の早期教育が創造性を奪う可能性にも触れています。シンプルですが「英語教育」をウリにする傾向にある教育界では見落とされがちな指摘です。

また、京都大学総長の山極壽一《じゅいち》氏も、日本からノーベル賞が出る理由について、母語で基礎研究ができる環境を挙げています。明治以降に活発化した西洋の論文を片っ端から翻訳する文化の恩恵で、私たちは日本語で専門性の高い分野を学び始めることができるわけです。

日常的に慣れ親しんでいる母語は言わば私たちのOS［＊7］です。使いこなせる言葉が多いほど思考の解像度は高くなり、多様な表現を理解・共感できるようになります。ですから、国語を独立した教科として考えるのではなく、使い慣れた言語がすべての学びの基盤となりエンジンになるという、当たり前の認識に立ち返る必要があります。

だからといって、国語にすべての教科学習を負わせるのではなく、他教科にも国語性があることを理解し、相乗効果を狙って総合的に学習していく必要があります。

私が担当していた生徒だけを見ても「国語が苦手だが社会は好き」というような生徒に、好きな教科の興味分野を探究させ、対話をしながら読み書きを続けたことで、結果的に国語もできるようになった、というような例は枚挙に暇がありません。国語教師だけでなく、すべての教育関係者が言語としての国語を見直すことが必要で、言い換えればすべての教科が言語的なアップデートの可能性に満ちているといえます。

「国語力」とは具体的にどんな力なのか

では、「国語力」と聞いて、具体的にどんな力を思い浮かべるでしょうか。言うまでもなく、国語の学習において、最も大事なのは「考える」ことです。しかし、頭の中で起こっていることに関しては、自分でチェックするしかありません。学校教育ではどうしても「評価」がつきまといます。「読む・書く・聞く・話す」の4技能については評価がしやすいので、ペーパーテストや口頭試問など従来型の方法を転用できますが、どのように考えているのか、頭の中で何が起こっているかについては他者が評価することができません。アウトプットされたもので評価するしかないのです。ですから、考えている自分を「自己評価」できるようにナビゲートする必要があります。

頭の中で考えるためには、言語というものがそもそも記号的であり「抽象」だということを理解したうえで、現実の「具体」に当たる必要があります。具体的に話して書く能力は当然重要なのですが、学校教育や受験において具体ばかりを指摘し続けたことが、問題に臨機応変に対処できない「マニュアル人間」を量産してしまった原因のひとつではないかと考えられます。

現実の問題を整理して思考するためには言語に置き換える必要があります。たとえば、筆者である私と読者であるあなたを、「人間」という言葉に置き換えることで抽象になります。そうすることで「人間は母語で思考する」という共通の性質を一般化して整理することができます。科学における法則の発見も抽象化といえます。このように言語を使いこなし、考えを言語化していくことで少しずつ自分軸ができていきます。その自分軸を起点に「自己評価」や「自己決定」ができるようになるわけです。

現実に私たちに降りかかってくる問題は、個別のケースは当然それぞれ違いますが、抽象化をすることで「相似」を見つけて「類推」することができます。そうすれば、自分の知っている知識や経験を活かして、臨機応変に物事に対処することができます。この力こそが、「生きる力」として求められる自己決定力のひとつです。

「学校の国語」は「正しい日本語」か

次の日本語が正しいかどうか考えてみてください。

「まじでやばい」

正しくないと感じた方が多いのではないでしょうか。

では、正しい日本語に言い換えてみてください。

また、あなたにとって、正しい日本語と正しくない日本語はどこが違うのでしょう。説明してください。

今まで多くの現場でこの問を出題してきました。小学生も中高生も大学生も保護者も教師も、ほとんどの人が「正しくない」と回答し、「本当に危険」「本気でやめたほうが良い」「完全に無理」「とてもすごい」「良すぎる」など多様な言い換えをしてくれました。

しかし、正しい正しくないの基準については、「伝われば良いのではないか」「教師がマルをつけるかどうか」というような意見が多く、あまり明確な答えは出てきません。では、教師はどこに基準を持っているのでしょうか、と問うと「教科書に載っているかどうか」、そして「辞典に載っているかどうか」というアイデアが出てきます。「NHKで言っているか」などという意見もありました。

日本国語大辞典によれば、江戸時代から用例があるほど古い日本語として記載されています。つまり、最近使われ出した若者言葉ではなく、辞典に載っている言葉なのです。

「辞典に載っているかどうか」を正しい日本語かどうかの判断基準にする、という軸を設定するなら、「まじでやばい」は正しい日本語ということになります。教科書を基準とするなら現状では間違っている。伝われば良いならば、ほとんど全員が言い換えることができている時点で、正しい日本語と言っても差し支えないでしょう。

【まじ】

（形動）「まじめ（真面目）」の略。
＊洒落本・にゃんの事だ〔1781〕「気の毒そふなかほ付にてまじになり」
（『日本語大辞典』講談社）


【やばい】

危険や不都合が予測されるさまである。危ない。もと、てきや・盗人などが官憲の追及がきびしくて身辺が危うい意に用いたものが一般化した語。
＊日本隠語集〔1892〕〈稲山小長男〉「ヤバヒ 危険なること則ち悪事の発覚せんとする場合のことを云ふ」
（『日本語大辞典』講談社）


【やば】

法に触れたり危険であったりして、具合の悪いこと。不都合なこと。あぶないこと。また、そのようなさま。
＊歌舞伎・韓人漢文手管始（唐人殺し）〔1789〕四「兼て引替でなけりゃ滅多に渡さぬ代物なれど、俺が持てゐるとやばなによって、景図の一巻、是をお前へ預けます」
（『日本語大辞典』講談社）

［補説］若者の間では、「最高である」「すごくいい」の意にも使われる。「この料理—・いよ」

（『デジタル大辞泉』小学館）

そもそも言語というのは生き物ですから、時代とともに変化していきます。それは文法も一緒です。そのような曖昧でありながら秩序や方向性がある世界において、何を正しいとするかを自己決定するためには自分軸を持つことが必要で、それこそが従来型の教育をクリティカルに考え直すことだといえます。

「国語にセンスは必要ない」は本当か？

よく「国語にセンスは必要ない」などといわれますが、言語を磨き、自分軸を作っていく学びにおいてセンスを排してしまっては元も子もありません。大事なのは国語において「センス」と呼ばれているものが本当に「人それぞれの内面にある感覚的なもの」のことを指しているのか、それともほかの何かを内包してしまっているのか、正体をしっかりつかむことです。

国語という教科は、積み上げ型の学習にあまり向いていないところが他教科と大きく違うところです。日本で生活している限りにおいて、なんとなく日本語は使えてしまっています。国語が母国語の学習であるが故に、細かいことを知らなくてもなんとなくわかってしまうから、逆にたちが悪いんですね。それと同様に「わからなさ」もなんとなくで不明瞭になってしまうわけです。その不明瞭な部分が乱暴に一括りにされてセンスと呼ばれてしまっていると私は考えています。

国語力はいくつかの力が相互補完的に成り立っていて、足りない力を別の力が補うことができます。たとえば算数だと、まず足し算ができなければかけ算はできません。かけ算ができないと割り算ができない。四則演算ができなければ、速さの問題は解けない。公式を知らなければ面積を求めることもできない。だから躓いている部分をクリアにしていけば、段階的に登っていくことができます。しかし、国語は文法がわからなくても文脈で判断できてしまったり、わからない言葉は推測できたりします。つまり、基礎が抜けていてもある程度は先に進めてしまうのです。

そういう総体的な補完力も、センスとされているものの正体のひとつです。基礎ができているわけではないのに応用問題ができてしまう生徒に対して、「センスがある」としか分析できていないということです。基礎が抜けても先に進めてしまうこと自体は、言語として自然な構造なのですが、従来の逆算型の学習とはまったくソリが合わないわけです。

社会に出て使える国語力──「対話力」

では、それを踏まえたうえでの効果的な国語学習について考えてみたいと思います。国語力をもう少し厳密に分解すると「語彙力」「論理力」「文法力」「読解力」「対話力」の5つとなります。

簡単に説明すると、「語彙力」は自立語とその意味を知っているかどうか。「論理力」は前提から客観的に納得のできる思考や論を展開する力。「文法力」は機能語や付属語の意味を知り、考えを客観的に理解を共有できる文に変換する力。「読解力」は全体や文脈から意味やメッセージを解釈する力。「対話力」は相手の性格や場の空気なども読みつつ総合的に解釈し共有する力、という感じでしょうか。

このなかで、従来型の教育で特に重要視されていたのは「語彙力」と「読解力」です。「文法力」はカリキュラムとしては存在したものの、「テストのために暗記する分野」になってしまっており、生きた日本語の文法としては扱われないため、形骸化した独立の知識になってしまったことで、読解力にもつながっていないケースが目立ちました。その結果、使える母語力を養成することができず、国語は社会に出てからも役に立っている実感を得られない曖昧な教科になってしまっています。そして、そのような反省から新しい学習指導要領では「対話力」が注目されることになりました。社会に出て使える技術としての国語力です。

対話自体を対話のなかで学ぶことは重要かつ今まで見過ごされてきたことなのですが、その対話を支える「論理力」や「文法力」を身につけなければ、結局絵に描いた餅、従来型と同じになってしまいかねません。

そういうわけで、私は接続詞や副詞などをテーマにした文法探究を授業に組み込んでいるのですが、もともと曖昧性が強く、解釈に幅のあるうえに日々変化していく日本語の文法を、学校教育や一般的な予備校などで単元として扱うのはとても難しいと思います。

だからこそ教師自身が日常的に日本語を探究しつつ、覚悟を持って扱う必要があります。「言語とは何か」「言語にはどういう性質があるのか」ということを考えて、初めて国語を構造的・探究的に扱うことができるようになります。生徒によってどの部分が弱いのかは、テストや成績表に表れにくいので、対話的に関わらなければ見抜くことはできません。最近はＡＩで苦手分野をあぶり出す試みなども紹介されていますが、国語のセンスは非言語部分に及ぶので、本質的な学びを目指すならば、やはり対人間でないと現状では難しいのではないでしょうか。

NOTE

［＊１］**西周**＝（１８２９－１８９７）オランダへ留学し、森有礼らと明六社を結成した日本の啓蒙思想家。Ｊ・Ｓ・ミルの翻訳などを通じて、数々の西洋の概念を日本語訳した。「哲学」「理性」「主観」なども西による造語。東京大学の前身である開成所教授、東京師範学校（筑波大学）校長を歴任。

［＊２］**編集力**＝情報と情報の関係を発見し、「あいだ」を見出して、新たな対角線を引く力。編集工学の提唱者松岡正剛氏によれば「編集」とは、「情報」が「われわれにとって必要な情報」になることを「知」といい、「情報」を「知」にしていくことが「編集」であるという。それは、「コミュニケーションの充実と拡張に関する方

法」であり、「情報を相互的に共振させながら内容を好きな方向に進めていくこと」が核心だという。

［＊3］**グローバリゼーション**＝ヒト・モノ・カネなどが越境して広がり地球規模で一体化していくこと。車輪や文字の発明もグローバリゼーションの段階のひとつ。教育界においては英語教育の重要性や、ディスカッション・プレゼンなどを積極的に取り入れる根拠として語られることが多い。

［＊4］**改訂版タキソノミー**＝アンダーソンらによるブルーム・タキソノミーの改訂版。他にもマルザーノらによる「新しいタキソノミー」も提議されている。内容知の抽象度による分類や方法知、メタ認知など高次の思考に焦点を当てて細分化したことに改訂の意義がある。学力の3要素のうち「思考力・判断力・表現力」「主体性・多様性・協働性」は高次の思考によるところが大きい。

［＊5］**リベラル・アーツ**＝古代ギリシア・ローマ時代から肉体労働から解放された自由人にふさわしい教養として受け継がれてきた自由学芸。内容はアリストテレスやユークリッドから法学や占星術まで多様性に富んでいた。日本においては「職業に直接関係がない、実用的でない純粋な教養」として軽視される傾向があるが、ヨーロッパにおいては「専門家である前に優れた人間でなければならない」という教育理念を育んできた。もともとは「自由になるための方法」という意味合いで、「Ａｒｔ」の語源であるラテン語「Ａｒｓ」は、方法や術という意味がある。

［＊6］**母語**＝一般的には、最初に覚えた言語、第一言語を指すが、新たに「思考するとき

に主に使用している言語」という概念を打ち立てたい。日本においては母語＝母国語＝日本語であるが、方言によっても思考の方向性に影響が考えられる。

［＊7］OS＝Operating Systemの略。WindowsやMac OSなどコンピューターの基本システムとなるプログラムの集まり。プログラムもまた言語であることから、この文脈においては、入出力や記憶だけでなく、思考やコミュニケーションなど人間のあらゆる活動の基本システムというメタファーとして使われている。

第4章

ＡＩ時代を「生きる力」とは？

「自分軸」をもちクリティカルに思考する

矢萩邦彦

激変する教育現場で教師は何をすべきか？

日本の教育界は長いこと、各々の教師の経験や物語が価値とされてきました。近年、科学的な視点や経済学的な視点が入ってきて、「主観的で職人的な教育」と「客観的で科学的な教育」とがあたかも対立する概念であるかのように語られるようになりました。どちらの視点も同様に価値があり、それぞれの現場で活用できる可能性があります。うまく使い分けるためには、対立構造自体をメタ認知していく必要があります。「教育の効果が数字で測れるかどうか」という議論を続けてもあまり意味はありません。前提やロジック、因果関係や相関関係をクリティカルに考えて、自分の目の前にある現場へどう活かしていくかを思考する。そして、そのエピソードやノウハウ、あるいはデータやエビデンスは自分と自分が関わる場にとって使う意味があるのかどうかを評価して自己決定する必要がありま す。

自己決定をするには、目的を設定することが必要で、そのためには基盤となる自分軸、すなわち哲学や価値観をしっかり自己認識しておく必要があります。

目的によって、職人芸も科学的根拠も効果や価値が変わってきます。さらに、生徒や実施する教師の個性によってもその影響は異なります。取り立てて環境は猛スピードで変化しています。本章では、そういった有機的な現場で私たちはどのような視点を持ち、どのような能力を磨いていけば良いのかについて考えていきたいと思います。

これからの社会はAIやロボットとの共存が前提

従来型の学びはすべてのパラメーターを平均的に底上げすることが重要だという、バランス型の価値観ともいえます。飛び抜けた才能があっても赤点があれば評価されない。できないことをなくすことに重心が置かれました。それは教科面だけでなく生活面でも同じで、成長や発達がユニークだったとしても「最低ライン」が決められていて、そこをクリアすることが求められていたわけです。

なぜそうなっていたかというと、あらゆる大学、あらゆる職業と「適合」できる人材が求められているはずだ、という価値観が多数派だったからです。一部の私立進学校や予備校などでは英語と数学の能力のみを特別視するような傾向もありましたが、それも「グローバルな社会で重要」という雑な理由や、純粋に「国立や理系の進学実績が欲しい」という組織のための方針が大半でした。

それらの方針は、実際、生徒自身に明確な夢ややりたいことがない場合、比較的自由に進路を選ぶことができるという意味においては役に立っていましたし、採用する企業も最低限学校を出ていればこういうことはできるだろうと予測することができたわけです。たとえ、やりたいことや希望とは違っても、学歴があれば食べていけた。これは学習の成果や実績を防具として考えているといえます。

しかし、決まった時間に決まったことを決まった手順で行なう能力は、次々にＡＩやロボットが代替できるようになってきました。ＡＩやロボットは抜群に安定しています。できることはできるし、できないことはできない。指示されたことは不平不満なく高速で処理してくれます。まさに従来型の企業で求められていた人材です。

そこで、これからの社会に必要になってくるのは、そうしたＡＩやロボットと分業する

「別の能力」ということになります。平均的でバランスが取れていることよりも、トガった能力やニッチな専門性に価値が出てくるわけです。そのような能力や才能は、まさに武器といえます。そのような武器に価値を置けるような仕事は経営企画やデザイナーやクリエイターなどの限られた領域でしたが、今後一気に拡大してくると予測されます。

では、武器を持っていれば良いのかというと、そんな簡単なことでもありません。ユニークな武器は諸刃の剣です。だから武器も防具も持っていたほうが良い。注目すべきなのは、従来型の防具では役に立たなくなってくる可能性です。

これからの社会はＡＩやロボットとの共存が前提です。ですから、それらについての知識があることが防具になるわけです。極端な言い方をすれば、ＡＩを使うか、ＡＩに使われる、すなわちＡＩをフォローするかという選択しかなくなるわけです。

ですから、教育に関わるならば、ＡＩやロボットをはじめとした最新の技術についての知識の必要性は、急激に上がってきていると考えられます。新技術に対抗しようとしてもあまり意味はありません。自分自身がスマートフォンを使わないポリシーなのは構いませんが、それらとともに成長し生活していく生徒たちに最適な学びを提供するためには、少なくとも知っている、知ろうとする意志や態度は不可欠です。

環境や技術に左右されない本質を追求するためには、環境や技術によって変化することを捉える必要があるはずです。環境や技術に関する情報も常に最新にアップデートし続ける態度が武器となり、防具となるのです。

AI時代を生き抜くための自分軸を作る

大学入試改革の重要な背景のひとつが「社会や企業からの要請」です。

キャリアや人材の業界では、従来型の教育を受けてきた人材は「使いにくい」「再教育が必要」という声もよく耳にするようになりました。

具体的には、マニュアルにないことを臨機応変に対処することができないという根本的な指摘や、アジャイル［＊1］をはじめとしたプロジェクトベースで進めながら、方法や目的を調整するような新しい働き方に順応できないというものまで多岐に渡ります。

それに加えてAIやロボットの台頭によって人間の担当する仕事が変化するという問題

【国内AIシステム市場、5年で7倍の予測に】

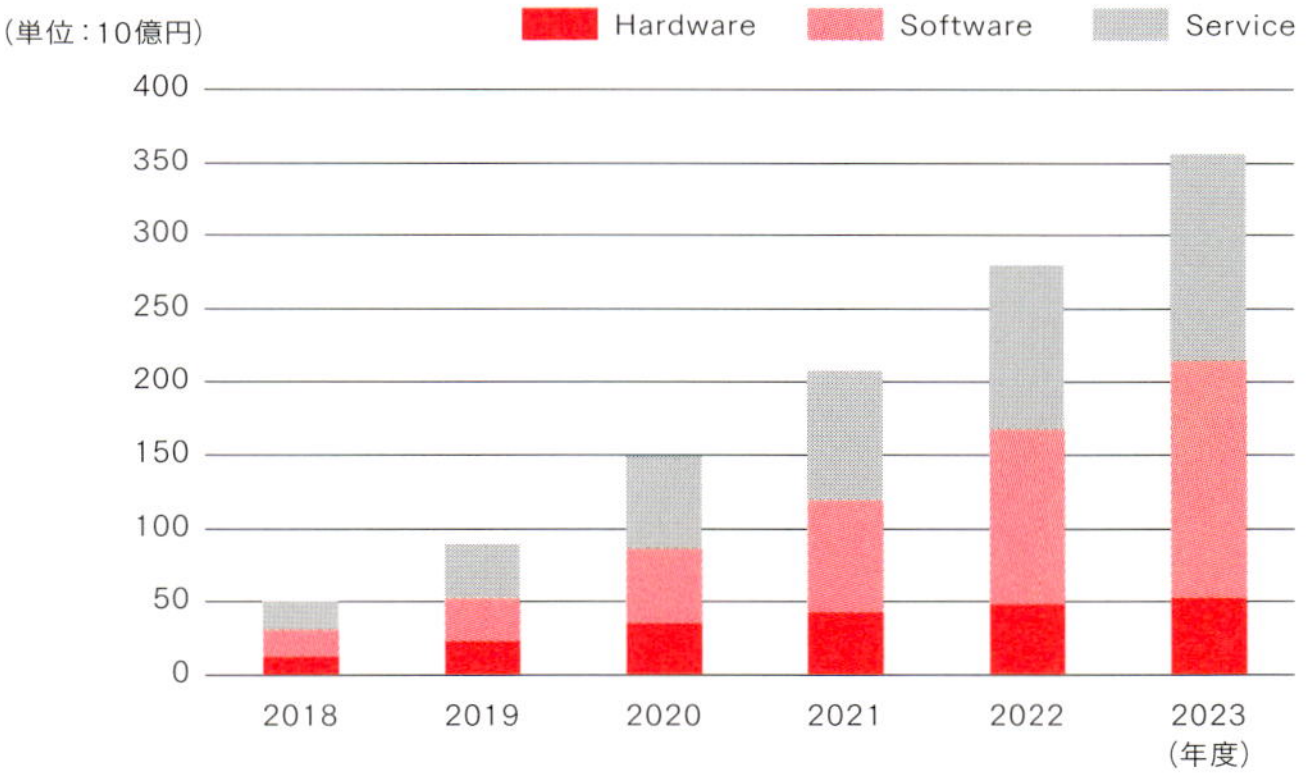

※国内 AI システム市場予測、2019年～2023年。
https://www.idc.com/getdoc.jsp?containerId=prJPJ45069919

にも直面しています。いわゆるシンギュラリティのように、人間自体に取って代わることのできるＡＩが登場するかどうかは、専門家のなかでも意見が割れています。少なくとも、現状では人間自体に代わるようなＡＩは開発されていません。その代わり人間の一部の能力を代替し、人間を超える能力を持ったＡＩやロボットは登場しています。

また、これまでＡＩやロボットが代替するのはブルーカラーの仕事が多い印象がありましたが、ロボティクス・プロセス・オートメーション（ＲＰＡ）［＊2］のようなソフトウェアロボットの登場によりパソコン上の事務作業など、言語化できるものや指示できるものは、ＡＩを搭載せずとも実現できるようになってきました。

また、すでに準備が進んでいる５Ｇ［＊３］がインフラ化すればＩｏＴ［＊４］化は加速し、ＶＲやＡＲ・ＭＲ［＊５］を活用した働き方も増えてくると考えられます。ドローンの高性能化は物流に大きな変化を与えると考えられますし、３Ｄプリンターも食や医療分野への活用が始まっています。

どのように技術革新が進むにせよ、私たちの働き方や役割分担は変わっていくことは間違いありません。そのような社会の動的な文脈のなかで、いかに共生し、自分を織り込んでいくのか。それを探究し、しなやかで強い「自分軸」を作っていくことが、これからのキャリア教育といえます。

ＡＩにできないことを分析する

さまざまな革新的技術が具現化していますが、大半の技術は「道具」といえます。

【RPA市場規模の急激な拡大予測】

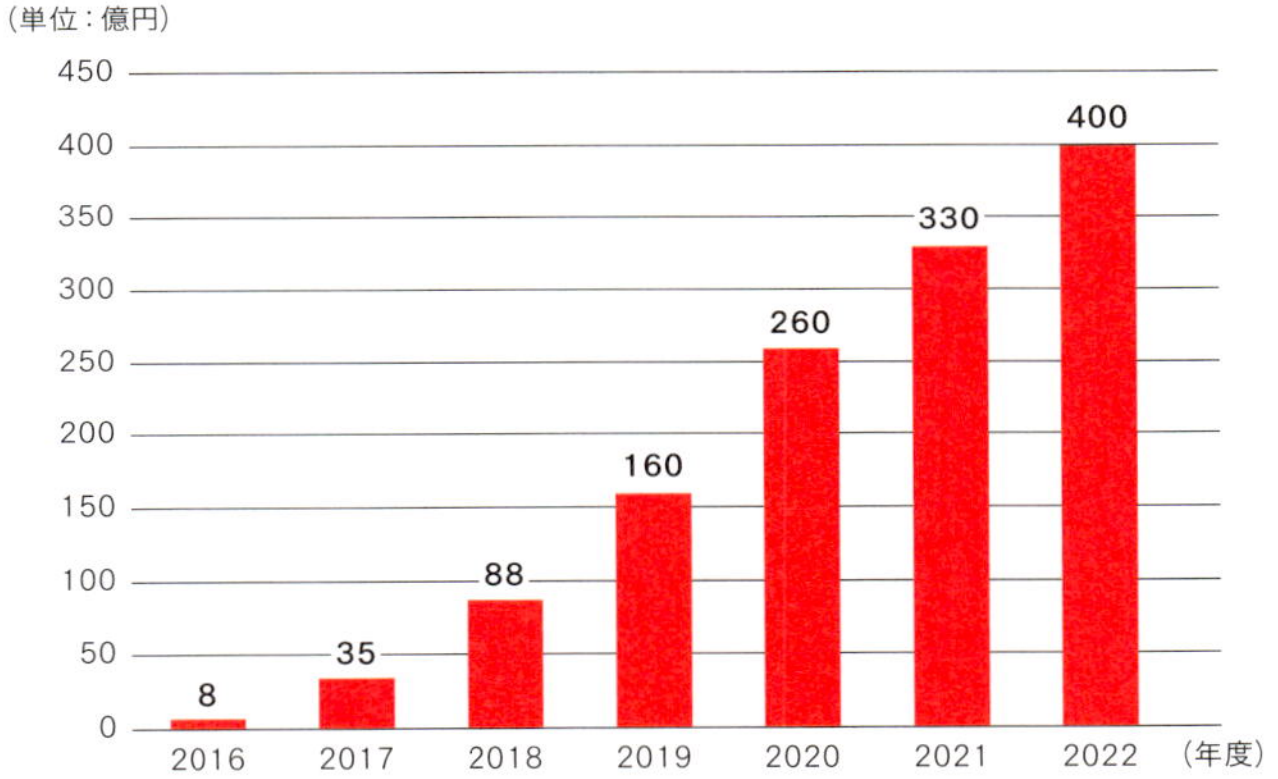

※ITR「ITR Market View:RPA/OCR/BPM市場2018」を基に作成

道具は人間の仕事を便利にしたり楽にしたりしますが、人間を脅かす存在ではありません。しかし、AIやロボットは人間に肉薄していき、私たちの役割を奪ってしまうのではないかという印象があります。これは主に教育界において、オックスフォード大学の准教授マイケル・オズボーンの論文『未来の雇用』における「今後10～20年程度で、アメリカの総雇用者の約47％の仕事が自動化されるリスクが高い」という予測や、ニューヨーク市立大学教授のキャシー・デビッドソンの「2011年度にアメリカの小学校に入学した子供たちの65％は、大学卒業時に今は存在していない職業に就くだろう」という予測が精査されないまま、過剰に部分引用されたことに起因しています。

日本におけるこれらの予測と数字の信憑性はさておき、そのような方向性で社会が変化していくのなら、どのように対策をしたら良いでしょうか。「だからアクティブ・ラーニングだ」とか、「だから高大接続だ」というのは飛躍しすぎており、現場で混乱が起きるのは必至です。そこで、ＡＩと共生するために必要な能力は何かという観点から考えてみたいと思います。

ＡＩやロボットを使いこなし、あるいは共生していくためには、ＡＩと人間の特性を知っておく必要があります。ＡＩと人間の違いを明確化することで、これから社会にとって有用な能力を浮き彫りにし、そのための教育について考えていきたいと思います。

次ページの図は、現状のＡＩやロボットには難しいとされる能力を分析してまとめたものです。ここに挙げられた能力が、人間である私たちが今後担っていく役割の指針になると考えられます。

【AIやロボットにはない10の能力】

創造的
- 自己決定能力（自分で価値を決め、判断する能力）
- 自己言及能力（前提や構造、自分自身を疑う能力）
- 仮説思考能力（仮説を作り検証する能力）
- 目的設定能力（柔軟に水平思考をする問題発見能力）

社会的
- 組織運営能力（絶妙なマネジメントとコミュニケーション能力）
- 規則運用能力（ルールを作成して調整しながら運用する能力）
- 環境適応能力（変化する環境に対して調和的な関係を見出す能力）

基礎的
- 自己生成能力（不確実性の中で臨機応変に能力を獲得する能力）
- 意味づけ能力（存在意義を設定してチャンキングやナラティブ化する能力）
- 芸術表現能力（非言語の表現あるいは言語による芸術的な表現能力）

これらの能力を認知し、開発し、編集して仕事に活かす力が必要。
その能力開発をナビゲートするのが、AI・ロボット時代の教育機関

©KunihikoYAHAGI／教養の未来研究所2019

まず、現状のＡＩがどれだけ進歩しても難しいと考えられることのひとつに「目的」自体を設定することが挙げられます。

ＡＩとセットで語られる技術のひとつに「自動運転」がありますが、まだまだ実現は難しいといわれています。その理由として語られているのは、いわゆる「トロッコ問題［＊6］」で、技術的に自動運転が可能だったとしても、倫理的・道徳的に難しいだろうという指摘です。しかし、その議論には「どうやって行くのか」ではなく「車に乗ってどこへ行くのか」という根本的な問いが見過ごされてしまっています。

自動運転の技術は目的地を決めてはくれません。大事なのは「なぜ、そこに行くのか」であって、そのような主体性をＡＩは持ち得ないということです。それこそが私たち人間が担うべき「目的設定能力」です。

近年ＡＯや推薦による大学入学者の割合が急増していますが、与えられた問題を解く能力ではなく、自分自身の目的を設定し、大学の特性とマッチングできるかという能力が問われ始めているともいえます。「一般入試を避けるため」、あるいは「目的はないが、学習量を減らしたい」というようなネガティブな動機が多いのは課題ですが、受験の前に目的を設定するということ自体は、時代に沿った自然な変革だといえます。

次に「環境適応能力」と「規則運用能力」です。目的が明確化していれば、ルールを作り出すことはディープラーニング［＊7］によって可能性が見えてきたように思えます。しかし、場の変化に対応してリアルタイムで調整し、運用することはまだまだＡＩには難しい領域です。そもそも、調整に必要なのはフィードバックですが、私たちの脳と違い「切り離せない身体」を持たないＡＩは、当然ながら体からのフィードバック［＊8］とそれによる微調整が働きません。

それゆえ、経験のなかで自ら学びながら技能を獲得し成長させていく「自己生成能力」も人間ならではの能力といえます。たとえセンサーの精度が上がったとしても、どこまでが情報の全体で、どこからが部分なのかという構造を捉える「メタ認知能力」も人間に分があるといえるでしょう。

「ゲーム」とシステム編集

「目的」や「ルール」を設定する能力が今まで入試で問われることはありませんでしたが、2018年の早稲田大学スポーツ科学部の小論文問題は、その先陣を切ったといえます。

じゃんけんの選択肢「グー」「チョキ」「パー」に、「キュー」という選択肢も加えた新しいゲームを考えなさい。解答は、新ゲームの目的及びルールを説明するとともに、その新ゲームの魅力あるいは難点も含めて、601字以上1000文字以内で論じな

さい。

（２０１８年度・早稲田大学スポーツ科学部　小論文問題より）

私たちの暮らす世界は、どこを取ってもシステムとして捉えることができます。そのような考え方をシステム思考［＊9］と呼びますが、子どもから大人まで楽しめるアナログゲームは最もシンプルなシステムモデルのひとつといえます。

システムには全体が目指す目的や方向性と、構成要素それぞれの役割が法則や規則によって相互に関係しています。これはゲームに必要な要素であるロール・ルール・ツールと置き換えることができます。これから人間とＡＩが役割分担をしてシステムを作っていく、あるいは発見して工学的に手を加えていくという発想からも、ゲームづくりは本質的な学びのひとつといえそうです。

また、誰もが知っているシンプルなゲームを改造する、すでにあるものを改造して新たな光を当てるというのはとても編集的な営みです。

実際、創造性やクリエイティブと呼ばれているものは、もともとあるものを編集し、新しい組み合わせを発見することにほかなりません。アナログゲームの場合は、作らずとも遊んでいるだけで「規則運用能力」や「組織運営能力」など、ＡＩ時代に必要とされる能力を開発することが期待できます。

ただし、授業などで扱う場合には、保護者との間で意味づけや合意形成を行なう必要があります。同時に、あまり能力開発的な意味があることを開示してしまうと、遊びとして興ざめになってしまう可能性もあるので、場によって調整が必要です。

ただし、同じように子どもから大人まで楽しめるゲームでも、デジタルゲームはちょっと事情が異なります。

もちろんゲームシステムによりますが、大半のデジタルゲームはルールの運用をＡＩが担っているため、判定をＡＩに任せてしまえます。そのため、ルールの詳細を人間が把握しなくても良いという特徴があります。これでは、全体と部分をリアルタイムで同時に見ながら編集力や運用・調整力を身につけ、トレーニングすることにはならない場合が多いので、注意が必要です。

AIの構造的な問題

ＡＩはプログラムベースで動いているという構造上、「自己言及［＊10］能力」、すなわち「自分自身を疑う能力」がありません。一方で私たち人間は、自分自身の考えや認識、知識や常識などを疑うことができます。自分自身を疑うためには、自分自身をメタ認知する必要があります。

教育の現場においても、従来型の教育では、教科書や教師の絶対性が一部の生徒たちを疎外してきたという問題があります。本気で「自分は絶対に正しい」と考えている教師は少数かもしれませんが、基本的に「教科書は正しい」と考えていたり、気持ちはわかるが「教科書どおりにやることになっている」と考えている教師が大半ではないでしょうか。

これは構造上仕方がない面もありますが、最低限、教科書と違うからといって前提を確認・共有せずに、「君は間違っている」というような指摘が適切かどうかを再考したいところです。

物事を判断するためには、基準が必要になります。その判断が科学的なものなのか、論理的なものなのか、はたまた独自の「自分軸」や信念によるものなのか、判断者自身が認識しなければ、正しく伝えることはできません。

「教科書ではそう記述されていることが多いが、君のアイデアは論理的には間違っていない。個人的には面白い仮説だと思う」とか「このデータではテレビやゲームの影響は少ないとされているが、私の経験ではかなり大きいと思う」というように、自分の立場や判断基準を合わせて伝えることで、自分の考えも整理でき、相手の思考も先に進める可能性があります。そこに対話の意味があるわけで、デジタル的にマルかバツを付けるという乱暴で切れ味のある評価には限界が見えます。そのような対話のなかにナラティブ［＊11］な学びのエッセンスが詰まっています。

「わからない」の発見

基本的にＡＩは「わからない」ことはスルーしていきます。その情報がＡＩが判断するために必要なものであれば、止まってしまうかエラーが起こります。

それに対して人間はどうでしょうか。実のところ「わかる」というのは直感的なもので、「その時わかった気がした」あるいは「わかったと認識しただけ」で、何をもってわかったのか、本当にわかったのかを突き詰めていくとかなり曖昧です。つまり、よくよく考えてみるとよくわからない・モヤモヤしている、という状態を認知するに至ります。

そのような思考を通して、私たちは「自分はわかったつもりでいるだけかもしれない」あるいは「わかっていないかもしれないことはわかった」というようなソクラテスの「無知の知」に通じるメタ認知を得るに至ります。

そういう曖昧さを前提にすることで、目の前の生徒に対する評価は変わってくるのではないでしょうか。わからない世界をともに探索する仲間であり、それをできる限りワクワクした冒険にしていくのが、これからの教師の中心的な役割のひとつだといえそうです。

実はわかっていなかった自分自身に気づく、あるいは思い込みに気づくための学びはアンラーニング［＊12］と呼ばれ注目を集めています。

東日本大震災直後に言語学者ノーム・チョムスキー［＊13］博士に会うためにMIT（マサチューセッツ工科大学）を訪れたことがありますが、その際「これからの教育に最も必要なものは何か？」という私の問いに対するチョムスキー博士の回答は「To be free of dogma」というものでした。翻訳することが難しいですが、「無意識の思い込みに気づき自由になること」が必要だということだと理解できます。

これはまさに、メタ認知能力にまつわる領域です。生徒がメタ認知ができるようにナビゲートするには、教師自身がメタ認知をしている必要があります。まずは「わかっていない」「思い込んでいる」かもしれない自分を発見することで、学校や従来型教育の精神的構造から脱していきたいところです。

前提を疑うクリティカルシンキング

メタ認知をするための準備として、クリティカルな視点を持つことや、まず前提を確認し疑ってみるという習慣は効果的です。クリティカルは批判的と翻訳されることが多いためネガティブな印象がありますが、実際には「良質な思考」といった意味です。論理的に考えるためには、まず前提や構造に目を向ける必要があります。危うい前提のうえにいくら堅実に論理的思考を重ねても、良質な思考とはいえません。

クリティカルシンキングのルーツを探究すると、デューイに辿り着きます。デューイは『論理学：探究の理論』（『世界の名著48パース・ジェイムズ・デューイ』中央公論社・魚津郁夫訳、所収）において、思考は「探究の同義語であって、その意味は、探究とは何かによって決定される」と主張しています。

さらに『民主主義と教育』（岩波書店）において、「思考とは、言い換えれば、われわれがなすことと、生じる結果との間の、特定の関連を発見して、両者が連続的になるようにする意図的な努力なのである」としています。

デューイは思考を「経験の質の変化」と捉え、そのためには「反省的経験」すなわち振り返りが効果的であると考えていました。自分たちの活動とその結果を関連づける作業こそが思考であるというわけです。

デューイから学べるクリティカルシンキングとは、「良質な観察→良質な問題発見→良質な推論→良質な振り返り」にあるといえます。それらの方法による経験はそのまま「より洗練された思考や探究」になっていくといえるでしょう。

クリティカルな思考を持つ人の特性

オランダのクリティカルシンキング研究者ダンジェロが挙げた、クリティカルな思考力を持つ人の特性をまとめると、次ページのようになります。自分自身をメタ認知する練習として、自己評価してみてください。

①知的好奇心－いろいろな問題に興味を持ち、答えを探そうとすること
②客観性－何事かを決める時、感情や主観によらず、客観的に決めようとすること
③開かれた心－いろいろな立場や考え方を考慮しようとすること
④柔軟性－自分のやり方、考え方を自在に改めることができること
⑤知的懐疑心－十分な証拠が出されるまでは、結論を保留すること
⑥知的誠実さ－自分と違う意見でも、正しいものは正しいと認めることができること
⑦筋道立っていること－きちんとした論理を積み重ねて結論に達しようとすること
⑧追求心－決着が付くまで考え抜いたり議論をしたりすること
⑨決断力－証拠に基づいてきちんと結論をくだすことができること
⑩他者の立場の尊重－他人の方が正しい場合は、それを認めることができること
（『クリティカルシンキング入門編』北大路書房より要約引用）

気づかれた方も多いかと思いますが、これらはすべて「態度」に関することです。
ちゃんと考えることができているか、しっかり対話できているかどうかを評価するのは難しいですが、ちゃんと考えようとしているか、しっかり対話をしようとしているか、であれば自己評価しやすく、改善もしやすいと考えられます。
なにより、知識・技術や経験以前に、そういう態度で生徒たちと接している教師が、多くの教育現場で生徒からの信頼を得ているのではないでしょうか。

「対義語」について考えてみる

次の問いは、私がメタ認知を体感するためのワークショップや研修で最初に出題するもののひとつです。

「進化」の対義語は何ですか？

メタな視点を持つためには、まず自分が構造のなかにいることを認知する必要があります。どの世代に出題しても「退化」という回答が大半ですが、さて、本当にそうでしょうか。まず、前提から確認していきたいと思います。

進化というのは、生物学や社会学において使用される概念です。生物や都市などが複雑化・分化・適応化することで望ましい状態に変化していくことを指します。たとえば、地殻変動で深海に移り住んだ生物が、光が届かないために目の機能を維持するとコスパが悪いので目が退化するとします。それって、適応であり進化ですよね。より望ましい状態への変化といえます。つまり、現実に起こる退化は、進化の一類型と考えることができます。

であれば、本来の対義語は何でしょうか？　考えられる解は「停滞」や「不変」「不易」などです。環境が変化しているのに、適応しない、変化しない、そういう状態を指す言葉が適当だと考えられます。

では、なぜ私たちは瞬発的に「退化」だと思ってしまったのか。そこに、私たちの思考を邪魔している構造が見え隠れしています。

考えられる理由は、教科書です。国語の教科書や便覧において、進化の対義語は「退化」だと習っているんですね。しかし、そもそも進化というのはダーウィンの進化論が日本に紹介された際に作られた生物学の造語です。その意味を、国語が規定して、私たちは深く考えずに覚え込んでしまっているわけです。

国語のテストで「停滞」と回答すればバツになってしまいます。これは、詰め込み教育のわかりやすい功罪のひとつです。生徒によっては、無意識にダブルバインド［＊14］状態になりかねません。これは、学校を構造的に理解するうえで必須のメタ認知です。

つまり、メタ認知をしたうえで言語化すれば、「国語の教科書」という前提において「進化の対義語は退化」であるといえるわけです。

前提が変われば当然、答えも変わる可能性があります。その視点こそがＡＩには難しいわけです。このように教材や教科をメタ認知する視点を身につけることは、文系理系を越境統合した学びを目指すうえでも重要です。どちらの前提や視点も知ったうえで論理的に考えることができれば、教科を越えてさまざまな知識やアイデアを結合した想像が意図的にできるようになります。そして、その方法は、生活や仕事などさまざまなキャリアとも統合していく力になります。

意味づけることの重要性

本章で最後に扱いたいのは「意味づけ」の重要性についてです。

極端な例ですが、『夜と霧』（みすず書房）で有名なオーストリアの精神医学者ヴィクトール・フランクル[*15]は、ナチスの強制収容所で限界状態の人々から「自分の生の意味」を何度も問われ求められたと回想しています。人間が最後に求めるのは「生きる意味」で、意味さえ見出していれば苦しみにも耐えることも、幸せであることもできると言っています。また、「人間とは意味を求める存在であり、ロゴス[*16]を求める存在である」とも言っています。

当然ながら、人生だけでなく、対象にどんな意味があるかは個人差があります。そして、意味がわからないことには労力やお金をかけたくないと言う人が大半でしょうし、逆に何かに熱中している人はそこに意味を感じているのだといえます。

この「意味づけ」もまた、ＡＩには難しいことの代表的なものです。ほかの人にとってはなんの価値がない石も、思い出と重なることでその人にとってはダイヤよりも価値があることだってあります。そのように、ナラティブに意味をつけていくことも対話的な教育においては重要な視点です。

NOTE

［＊1］**アジャイル**＝少人数のチームで開発の優先順位を調整しながら臨機応変にプロジェクトを動かしていく環境の変化に即した素早い開発手法。主にソフトウェア開発の現場で導入されてきたが、教育をはじめ多分野での導入と効果が期待されている。

［＊2］**ロボティクス・プロセス・オートメーション（ＲＰＡ）**＝Robotic Process Automation。主にホワイトカラーが行なっていた事務作業を代行するために開発が進んでいるロボットアームなどの物質的な体を持たないソフトウェアタイプのロボットのこと。

［＊3］**5G**＝超高速の次世代モバイル回線のこと。遅延のない遠隔作業や、クラウド上にあるアプリケーションとの同期、リアルタイムな情報収集と解析などあらゆる分野での仕事が劇的に変わると予測されているが、個人情報保護の観点から制限される可能性も懸念されている。

［＊4］**ＩｏＴ**＝Internet of Things。「モノのインターネット」と言われ、ＩｏＴ化は家電をはじめあらゆる日用品がインターネットとつながっていくこと。

［＊5］**ＡＲ・ＭＲ**＝ＡＲは「Augmented Reality」（拡張現実）、ＭＲは「Mixed Reality」（複合現実）の略。ＭＲは空間を立体的に認識することができる。どちらも現実の

視界に情報を付加することができるため、あらゆる学習への活用が期待されている。

［＊6］**トロッコ問題**＝倫理学の思考実験のひとつ。暴走トロッコの分岐の先に5人の作業員とひとりの作業員がいて、自分が分岐器を動かすことでどちらかを救うことができる場合、どうするべきかというジレンマを扱ったもの。この問題を扱うこと自体に批判が集まることもあり、扱い方や扱う際の合意形成が重要とされる。

［＊7］**ディープラーニング**＝人間の脳神経回路を模した多層のニューラルネットワークを用いた機械学習を指す。人間がパターンを数量化して入力しなくても、大量のデータから特徴を抽出して学習するという「抽象化」を実現したことがシンギュラリティを予測するきっかけとなった。

［＊8］**フィードバック**＝あるシステムにおいて、出力（結果）を入力（原因）側に戻して、入力側を調整すること。繰り返すうちに力の加減やコツがわかってきて熟練していくのは、人間のフィードバック能力による。

［＊9］**システム思考**＝同じ目的を持つ全体をシステムと捉え、さまざまな現象を環境との相互作用で分析する思考法。生物学者ベルタランフィの『一般システム理論』や数学者ウィーナーの『サイバネティクス』から発展した。基本的には全体によって部分の振る舞いが変わることや、フィードバックの作用が変わるという、環境との影響を前提とした開放系・複雑系の理論である。ピーター・センゲの『学習する組織』以降は、ビジネスや教育分野にも転用が進んでいるが、パターン分析をしてボトルネックを探し、望ましい循環ループを作り、振り返りながら調整していくとい

うシンプルなものになっている。

［＊10］**自己言及**＝発話主体が、自己自身を指示対象として持つこと。クレタ人だったエピメニデスが「クレタ人は嘘つきだ」と語ったという、クレタ人のパラドクスが有名。バートランド・ラッセルは、「自分自身をその要素として含まない集合の集合は、自分自身を含むとも含まないともいえない」というパラドクスを発見し、現代数学や現代芸術に大きな影響を与えている。

［＊11］**ナラティブ**＝対話のなかで自らのストーリーを語ることにより双方の感情が動き、とりわけ話し手側に意味を生じさせること。臨床心理分野においてはセラピーとして活用されることが多い。また、自分がその物語に関わり、何らかの選択権や自己決定権があるような状態はナラティブであるといえる。

［＊12］**アンラーニング**＝すでに知っていることや考え方・習慣などをメタ認知することで、価値観や思考が囚われてしまわないように意識的にリセットすること。「学習棄却」「学びほぐし」などと訳されることが多い。

［＊13］**ノーム・チョムスキー**＝（1928－）アメリカの言語学者で認知科学者にしてアナキスト。すべての人間の言語には普遍的な特性があり（生成文法）、言語は人間の生物学的な器官と捉える言語生得説を提唱。フェルディナン・ド・ソシュールの構造主義的な言語学を新たなフェーズに進め、現代言語学だけでなく哲学、数学、コンピューター言語に至るまで多大な影響を与えている。デューイの思想からの影響もあり、アメリカ主導のグローバル資本主義を批判している。

［＊14］**ダブルバインド**＝アメリカの文化人類学者で精神医学者のグレゴリー・ベイトソンが提唱した概念で、繰り返されるコミュニケーションにおいて、メッセージとメタメッセージの矛盾があることによって、さまざまな影響が懸念されること。たとえば親や教師の言っていることとやっていることにダブルバインドがある場合、矛盾から逃げられなくなった子どもには、文字どおりの意味にしか反応しなくなったり、言葉を疑い、妄想に執着するようになったり、コミュニケーション自体を避けるようになったりする症状が出るとされる。

［＊15］**ヴィクトール・フランクル**＝（1905－1997）第二次世界大戦中、ユダヤ人として収容されたナチスの強制収容所での体験をもとに、「人間は状況に束縛されつつも、状況を選ぶ自由を持ち、それゆえ人生の意味を求める選択と責任とが生ずる」として、治療において患者と医師の「意味を求める人間」として真剣な人格的交わりの必要性を説く、ロゴテラピー理論を提唱した。主著に『夜と霧』『死と愛』『意味への意志』『それでも人生にイエスと言う』など。

［＊16］**ロゴス**＝言葉や理由、議論や計算など多様な意味を持つが、古代ギリシアの哲学者ヘラクレイトスは「秩序ある収集」という意味で用い、結合や統合の理法であるとした。編集と解釈することもできよう。

第5章

主体的で対話的な「職員室づくり」が急務！

ミドルアウトマネージャーの必要性

石川一郎

この章では、実際の職員室で今回の教育改革がどのような感じで取り扱われているのか、職員会議の様子を再現してみます。

議題は「新学習指導要領による2022年以降の高校のカリキュラムをどうするか」です。

＊＊＊＊＊

校長「今日は、2022年以降から実施される高校の新学習指導要領について皆様の意見をお聞きしたい。生徒たちにとって大変重要なものであると認識しているので、しっかりと議論をしたうえで、本校の独自性が感じられる内容にしていきたいと考えている」

新進気鋭若手教師A「これからの時代に求められている主体的・対話的な学習スタイルを本校の教育で積極的に取り入れていくべきではないか」

ベテラン教師B「AIの発達やグローバル化など世の中も大きく変化しているし、教育が変わっていかなければならないのはよくわかる。ご発言の通りだと思う。だが、本校の現状を考えると基礎的な学力がない生徒が大多数、のみならず基本的な生活習慣も

【高等学校学習指導要領等の改訂のポイント】

【今回の改訂の基本的な考え方】	●教育基本法、学校教育法などを踏まえ、これまでの我が国の学校教育の実践や蓄積を活かし、子供たちが未来社会を切り拓くための資質・能力を一層確実に育成。その際、子供たちに求められる資質・能力とは何かを社会と共有し、連携する「社会に開かれた教育課程」を重視。 ●知識及び技能の習得と思考力、判断力、表現力等の育成のバランスを重視する現行学習指導要領の枠組みや教育内容を維持した上で、知識の理解の質をさらに高め、確かな学力を育成。 ●高大接続改革という、高等学校教育を含む初等中等教育改革と、大学教育改革、そして両者をつなぐ大学入学者選抜改革の一体的改革の中で実施される改訂。
【知識の理解の質を高め資質・能力を育む「主体的・対話的で深い学び」】	**★「何ができるようになるか」を明確化** ●知・徳・体にわたる「生きる力」を子供たちに育むため、「何のために学ぶのか」という学習の意義を共有しながら、授業の創意工夫や教科書等の教材の改善を引き出していけるよう、全ての教科等を、①知識及び技能、②思考力、判断力、表現力等、③学びに向かう力、人間性等の3つの柱で再整理。 **★主体的・対話的で深い学びの実現に向けた授業改善** ●選挙権年齢が18歳以上に引き下げられ、生徒にとって政治や社会が一層身近なものとなっており、高等学校においては、社会で求められる資質・能力を全ての生徒に育み、生涯にわたって探究を深める未来の創り手として送り出していくことがこれまで以上に求められる。そのため、主体的・対話的で深い学びの実現に向けた授業改善が必要。特に、生徒が各教科・科目等の特質に応じた見方・考え方を働かせながら、知識を相互に関連付けてより深く理解したり、情報を精査して考えを形成したり、問題を見いだして解決策を考えたり、思いや考えを基に創造したりすることに向かう過程を重視した学習の充実が必要。 [情報を的確に理解し効果的に表現する、社会的事象について資料に基づき考察する、日常の事象や社会の事象を数理的に捉える、自然の事物・現象を観察・実験を通じて科学的な概念を使用して探究するなど] ※既に行われている優れた教育実践の教材、指導案などを集約・共有化し、各種研修や授業研究、授業準備での活用のために提供するなどの支援の充実。

身についてない。こんな状況に追われている日々のなかで新しい取り組みをするのは物理的に不可能である。今は目の前の課題に職場全員で取り組むべき。新しい取り組みはいいと思うが時期尚早と考える」

進路指導教師C「カリキュラムを考えないといけないのはわかるが、大学入試がどう変化していくかがわからないうちは、検討しても無駄になってしまうのではないか。昨今の動きを見ていると大学入試改革も停滞気味なので、世の中の様子を見ながら考えたほうがいいのではないか」

評論家的教師D「前回の『ゆとり教育』の時も現場が混乱しただけで、教育内容も大学入試もほとんど変化がなかった。今回の教育改革も一過性のもので、揺り戻しがきて、表面的なところしか変わらないとしか思えない。個人的には、今少し様子を見ていたほうがいいと考える」

けっこう職場に多い教師E「今回のカリキュラム改訂に関して、『学校』はどう考えているのですか」

校長「今日は、活発な議論をありがとうございました。カリキュラム改訂は、『学校』としては教育の根幹を担う重要なものと考えておりますので、今後も皆様のご意見を聞きながら検討していきたいと思います」

＊＊＊＊＊

教師の皆さんにとっては、「あるある」の職員会議の様子だと思います。教師以外の方々はどうお感じになりましたか？　話し合っているようで、どこかすべて他人ごとの意見で、誰も話を前に進めようとしていないため、もどかしいと感じられたのではないでしょうか。それでは、各人の発言を掘り下げながら、解説を加えていきたいと思います。

新進気鋭若手教師A

「これからの時代に求められている主体的・対話的な学習スタイルを本校の教育で積極的に取り入れていくべきではないか」

学校外の教育セミナーに熱心に参加しているのであろう教師の発言です。もっともらしく聞こえるのですが、抽象的な言葉に終始しています。

● 「これからの時代」。「これから」とは具体的にいつなのか。
● 「求められている」。主語がなく、保護者なのか、社会なのか、企業なのか、大学なのかが不明瞭。
● 「主体的」「対話的」とは、具体的にどのようなものを指すのか。
● 「学習スタイル」とは、学校でのものか、家庭でのものか。教授方法なのか、ICTの活用なのか、アクティブ・ラーニングと称されているものなのか。

「セミナー」に参加すること自体は、とてもいいことだと思います。現状の学校の教育に対して問題意識を持って、このままではいけないと感じて参加する。先進的な学校の事例を聞いて「本校では、なぜできないのか」と力んで学校に戻り、テンション高く発言したところまではいいのです。しかし、残念ながら職場で発言したもののほとんど賛同を得られないケースが多いようです。セミナーのあとの懇親会で参加者のこの種の悩みを聞くので、ここでは一歩踏み込んで、問題点を考えてみます。

第一に、「抽象的」な言葉の取り扱い方です。

文科省がまとめている文言は、ある意味「どうとでも取れる」言葉を選んでいるケースが多いものです。ですから、その言葉をどう「具体的」に現場に落とし込んでいくかは各現場の裁量に任されています。

たとえば、「主体的」と言うなら、授業で生徒が積極的に発言することなのか、教師の話を思考停止で聞いているだけでなく、発言しなくても頭の中が能動的に働く状況なのか、宿題が出なくても家庭で自分の課題を持って取り組むことなのか、授業で取り扱われた事象を自分事として捉えることなのか、といったことが考えられますが、どの状況を指すのかを規定しなければ、具体的な議論にはならないのです。教師が使用する教育に対する抽象的な文言について意味をよく聞いてみると、その理解はものすごく多岐にわたっています。

第二に、他校の「事例」はあくまでも他校の「事例」でしかないことです。

各学校には独自の教育方針があり、多様な教師集団と生徒集団がいて、教育の実践「事例」は成り立っているのです。他校で成功したものが、自校でそれがそのまま置き換えられるわけではありません。一方で、「あの学校だからこんな実践ができる。うちの生徒には無理」という諦めの態度を取る教師もいます。こちらは、他校の「事例」は参考にもならないとして切り離しすぎてしまっているケースです。

教師がこのような状態に陥ってしまう背景には、教師が受けてきた日本の教育に問題があるといえます。

「具体的」な事例をどう「抽象化」するか。そして、「抽象化」された事例をどう「具体化」するか。「具体」と「抽象」を行き来する「置換」は、論理的思考においてとても重要なスキルなのですが、日本の教育ではこれまで積極的にトレーニングされてきませんでした。日本の学校教育以外であまり学んだ経験がない教師からすると対応に限界があるのかもしれませんが、最低限、自校と他校の教育実践の分析を行ない、なおかつ自校が向かっていく方向を明らかにしたうえで、参考にすべきところは参考にするという姿勢が理想的です。

ベテラン教師B

「AIの発達やグローバル化など世の中も大きく変化しているし、教育が変わっていかなければならないのはよくわかる。ご発言の通りだと思う。だが、本校の現状を考えると基礎的な学力がない生徒が大多数、のみならず基本的な生活習慣も身についてない。こんな状況に追われている日々のなかで新しい取り組みをするのは物理的に不可能である。今は目の前の課題に職場全員で取り組むべき。新しい取り組みはいいと思うが時期尚早と考える」

学校のなかで、新しい動きに最も抵抗するタイプの教師です。ただ、何事にも反対というわけではなく、ひとりの教師として自分ができることは何でもとことんやろうというマインドは持っています。「生活指導」に対して全力で取り組み、部活や行事にも熱心で、生徒がエネルギーにあふれていた昭和から平成の初めくらいまでは、とても人気のあるタイプの教師でもありました。さて、この教師の問題点を考えてみましょう。

第一に、最初は相手の発言を理解しているように話が始まりますが、途中から強く否定的になります。

この「上げてから一気に下げる」話の持って行き方をする教師は、生徒たちへの説教も同じパターンで行なうケースが多く、いつも接している相手からすると、最初に肯定された時点で「次にどんな否定がくるのか」と思わず身構えてしまいます。

もちろん、相手の言い分を理解したうえで自説を述べることは悪いわけではありません。ただ、本当に理解を示しているのなら、最後も何らかの落としどころを見つけるような話にするのが自然です。しかし、後半の発言をみると、「物理的に不可能」「取り組むべき」とかなり強烈に否定的な言葉でたたみかけています。そして、最後は「時期尚早と考える」とまったく取り付く島もありません。提案に対してこのような態度では、反論もしにくく、対話になりません。このような対応の仕方は、生徒に対して最後に断言をして説教を終わらせるという習慣からきているのかもしれませんが、それ自体も変えていったほうが良いでしょう。

第二に、Aの教師も使った言葉ですが、「〜べき」という断定的な言い方です。職員室では、「〜べき」論がよく使われていると感じます。生徒たちに、物事をはっきり言ったほうが良いと感じているからでしょうか。しかし、今後の教育を検討するという職員会議の趣旨からすれば、意見を述べる側は自分の考えを言っているのにすぎず、白黒はっきりつけるようなものではありません。「〜べき」とまで言われてしまうと、なかなか反論がしにくくなります。それに年齢の上下関係などが加わればより難しくなります。

第三に、「物理的に不可能」という発言です。

「物理的に不可能」ということは、多忙な状況でマンパワーが不足していることを示しています。となると、まず現状の業務自体を疑う必要があります。この20年あまり、「基礎学力」や「基本的な生活習慣」を身につけると称して、多くの教師が、こまめに小テストや宿題を課し、規則の遵守を教職員一同で徹底しようとしてきました。しかし、ここ数年で、このやり方には限界を感じているのではないかと思います。それを自ら認めているのが、「そんな状況に追われている日々」「物理的に不可能」という表現です。限界を認めるならば、根本的なところから変えることが必要であり、それはこだわってきたやり方ですらも抜本的に変えようということです。

「新しい施策」をやればいいわけではありませんが、行き詰まっている現状を認めて、ゼロベースで考えていくマインドが必要です。

進路指導系教師C

「カリキュラムを考えないといけないのはわかるが、大学入試がどう変化していくかがわからないうちは、検討しても無駄になってしまうのではないか。昨今の動きを見ていると大学入試改革も停滞気味なので、世の中の様子を見ながら考えたほうがいいのではないか」

進路指導室にこもり、資料の山の中で生徒対応をしている教師がどの学校にもいます。そういう教師は、生徒の相談にもよく乗りますし、担任の教師より適切なアドバイスをするという話もよく聞きます。大学受験のサポート役として、とても貴重な教師であることは間違いありません。
しかし、大学受験は生徒にとって重要な一里塚ではありますが、ゴールではありません。大学入試の状況次第で教育内容を決めていくというのは、一見正しいように聞こえますが、生徒たちの可能性に蓋をしてしまっているともいえます。

生徒募集が大学進学実績と連動していることが本質を見誤らせている原因にもなっています。カリキュラムを大学入試から逆算して考えていること自体を、今一度考える必要があります。内容が充実しているカリキュラムであれば大学受験の結果もついてくるはずです。大学受験はあくまで教育内容の結果のひとつにすぎず、通過点であるということを忘れてはいけないでしょう。「様子見」と称して対策を考えようともしない態度にも問題があります。

評論家的教師D

「前回の『ゆとり教育』の時も現場が混乱しただけで、教育内容も大学入試もほとんど変化がなかった。今回の教育改革も一過性のもので、揺り戻しがきて、表面的なところしか変わらないとしか思えない。個人的には、今少し様子を見ていたほうがいいと考える」

評論家的な立場を取る教師は、どの職場にも一定数います。それなりに学術的な見識も有しているような発言をするのですが、時代の変化や社会の動きには疎く、一見正論に聞こえるような発言ですが、生徒たちの未来をまったく考えていないと感じます。

現在、多くの職員室では教育の未来に対する不安が広がっています。そんななかでなんとなく不安を「様子見」でそらそうとする「わかったようなことを言う」教師の存在は、問題に直面することを避けてもいいような気持ちにさせてしまう危険性をはらんでいます。

また、「個人的には」という発言にあるように、人に嫌われないように仮面をかぶりながら物事の前進を妨げています。この「個人的には」という発言は教育現場だけではなく、近年多く聞かれますが、どうも違和感があります。そもそも発言は「個人的」なものであるので、あえて「個人的には」と言われると反論もしにくく、対話の芽を摘んでしまいます。

けっこう職場に多い教師E

「今回のカリキュラム改訂に関して、『学校』はどう考えているのですか」

「方針であるなら従います」というタイプの教師です。といっても「方針」も自分が納得できるものなら仕方ないが、納得できないものならなるべくギリギリまで従いたくないといった身の処し方をします。社会人としての自覚があるような仮面はかぶっていますが、「主体的」に自校の教育に関心を持っていないこと自体が問題であると言うべきでしょう。「学校は」という言い方も教師ならではのもので、どことなく組織と自分とは一線を画していているような、自分事としていない雰囲気を醸し出します。

校長

「今日は、2022年以降から実施される高校の新学習指導要領について皆様の意見をお聞きしたい。生徒たちにとって大変重要なものであると認識しているので、しっかりと議論をしたうえで、本校の独自性が感じられる内容にしていきたいと考えている」

「今日は、活発な議論をありがとうございました。カリキュラム改訂は、『学校』としては教育の根幹を担う重要なものと考えておりますので、今後も皆様のご意見を聞きながら検討していきたいと思います」

校長の話を読んで何を感じられましたか？　教師であれば、よく聞く校長の話だと感じるかもしれませんが、教師でない方には違和感があるのではないでしょうか。組織のトップであれば、未来のことを考える場合に次のようなロジックで考えていきます。

❶これから世の中はどこへ向かっていくと考えられるか？
❷自分の組織をトップとしてどの方向に持っていきたいか？
❸②のためにどんな方策が考えられるか？
❹③を実施するために現状の問題は何か？

これを職員室の議論に置き換えてみます。

❶社会情勢の変化とそれを背景とした新学習指導要領の中味を具体的に説明する
❷校長として新学習指導要領とどう向き合うかを語る
❸②のためにどんな方策が考えられるかを問う
❹③を実施するために現状の問題は何かを問う

といった議論の進め方が校長には求められるはずです。

先ほどの校長の話をみると、新学習指導要領のポイントは何なのか、そしてそれを校長はどう考えているのかについて、まったく言及されていません。①と②に関しての方針が示されたうえで、その方針を具現化すべく、「何を」「どうやって」いくのかの提案を求め、さらに現状の問題点を解消していく必要があります。職員会議で校長がトップとして方針を明示する。学校以外であれば、当たり前ともいえる「トップが方針を明示する」ことが、学校では往々にして当たり前ではないのです。

これには、多くの校長が教員上がりのためマネジメント意識が薄く、学校という組織のトップとして存在するものの、管理職として現場のマネジメントを行ない、具体的な教育方針を打ち出すような存在ではなかったという事情があります。学校の未来に向けてのマネジメントをしていく司令塔が往々にして不在というのが、悲しいことに今の大半の学校の現状です。

この職員会議の議論を振り返ってみると、現状の教育には限界がきていて、今後抜本的な手を打たなければならないということは、参加しているメンバーはなんとなくは理解しています。しかし、具体策は見当たらず、責任も各自は負えないということで、議論が空転したままで終わってしまっています。職員会議はそれなりに長時間に及び、にもかかわらず何も具体的なことは決まらず、会議終了後から校務に取り組むと、今日も残業はやむなし――というのが学校の「ブラック労働」の構造です。

「働き方改革」ではなくゼロベースで

近年、学校はブラック労働の象徴とされていて、「働き方改革」の推進がどの学校でも求められています。しかし、管理職の方に話を聞くと、できることは時間になったら「そろそろお帰りください」と声をかけることとタイムカードを導入することくらい、というのが大半です。改革を進めていて、勤務時間を繁忙期と生徒の夏休みなどの時期とでずらす変形労働時間制［＊1］を採用している学校も出てきていますが、これも休み中の部活や補習、あるいは教師の研修なども一緒に見直しをかけていかないと、「勤務時間は規定内になった」というだけで、忙しさはまったく変わらないといったケースもあります。一方、教師に話を聞くと、「教育内容が変わらないで帰宅だけを求められても困る」という声もよくあります。

この問題の背景をふたつの面から掘り下げて考えてみます。

第一は、教師の仕事内容そのものです。教師の仕事内容は、学活や授業以外は大概細かく決められてはいません。空き時間の使い方は各自で決めているのが通例です。仕事内容が新人であってもかなり自由度が高いというのが特徴です。業務内容が細かく規定されていて、管理職がそれを管理する、その管理職の管理に関して上級の管理職がまた管理をする――という企業の働き方とは異なります。

教師の働き方改革を求めるなら、業務内容を職場全体で細かく確認し、優先順位をつけて、なおかつ効率化を図っていくことが求められますが、多くの現場で未経験のため、現実的には高いハードルだといえます。

第二は、学校全体の仕事量が多すぎることです。

自分自身、今まで30年あまりにわたり関わった学校現場を振り返ると、相当忙しい職場になったという印象です。かつては、授業と学活をやって、行事は運動会と文化祭くらい、部活も熱心な教師だけがやっている感じでした。正直、朝は早いけど、夜が遅いといった働き方ではありませんでした。その当時は受験競争や学歴社会といった風潮があり、高校入試も大学入試もかなり厳しいものでしたが、受験準備は塾や予備校を活用しながら生徒が自分たちでやるのが普通であり、多くの学校は受験対策にあまり気を配らなくて良い環境でした。

それが、だんだんと学校に対する要望が高まり、受験対策も学校の大きな役割となり、そこに向かう人間性を鍛えていくために、部活動や行事もさかんになっていきました。学校に対する保護者の目も厳しくなり、要求も高まり、熱心な教師の働き方に合わせる方向性ができてしまいました。そのうえ、広報活動といった営業系の慣れない業務も入り込んできました。そして、今度は教育改革です。そんななかで、教師の働き方改革と言われても「そんなのやれるの？」というのが偽らざる現場の声でしょう。

「働き方改革」が難しいならどうしたらいいのでしょうか。現状をやりくりしながら手直しするのではなく、一度学校の仕事をゼロベースから考え直す必要があります。N高校［＊2］の躍進はひとつの答えを与えてくれているのではないかと思いますが、あのような極端な形態は取りにくいのが現実です。まったく形態が異なる学校ではなく、現在の学校をベースにした作り直しを考えてみます。作り直しに、必要なのは、ミドルアウトマネージャー［*3］の存在です。

ミドルアウトマネージャーの重要性

従来、組織の運営はトップダウン型が主流で、それに対抗してボトムアップ型の組織全体の底上げの重要性が問われてきました。学校組織においては、どうでしょうか。

学校組織は、街の商店街に喩えられます。一人ひとりの教師が、個々の商店を構えており（学校で言うならば、担任をしているクラス）、基本的には各自が個人事業主として商店（クラス）を切り盛りしている状態です。商店街がまとまるのは、お祭りなどのイベント（行事）くらいです。日々の商売（教育）は、なんとなく両隣の商店（クラス）と歩調を合わせているといった感じです。全体を運営しているのは、商店街の会長（校長）がいますが、名誉職くらいの仕事内容で、お祭りのとりまとめや、外部と何かあった時の折衝役でしかないのではないかと思います。

現在の学校を取り巻く状況は、商店街の状況と似ています。人々の消費動向が変化して、ショッピングモールができて、通販がすっかり普及し、人の流れが乏しくなっている。たとえトップが方針を示しても、トップダウンの指揮系統に慣れておらず、各商店も具体的に何をどうしたらいいのかがわからない。まさに先ほどの職員会議と同じなのです。

では、学校が変わっていくには、どこが動けばいいのでしょうか。一部のカリスマタイプの校長による学校改革が話題になりがちではありますが、カリスマタイプの校長はあくまでも稀少な存在だからこそ「カリスマ」なのであり、また、本当の意味で外に発信されている情報と教育の中味が一致しているのか、検証してみることが重要です。

では、現場の教師一人ひとりが手を組んで変えていくボトムアップ型なのかというと、個人事業主の集まりが手を組んでやっていくのは、前述の職員会議のような状況でかなり困難を極めるのではないでしょうか。

そこで提案したいのが、職員室のミドルアウトマネージャーの存在です。

ミドルアウトマネージャーは、部長や主任といった、いわゆる中間管理職とは異なります。教師を管理するのではなく、その学校の教育方針を日々の教育内容に落とし込み、バラバラで動いている教育内容を有機的にまとめていく存在です。職員室の教師たちの日々の教育活動にアドバイスを行ない、一つひとつの教育活動や事例などの「具体」を「抽象」的な共通言語にまとめていく役割を担います。

校長や教頭といった管理職とも対等な関係を持ち、現場の教育内容と管理をつなげていく役割をも担います。このミドルアウトマネージャーのひとつの形態が、「カリキュラムマネージャー」です。

これからの学校にカリキュラムマネージャーは必須

ゼロベースで学校を考えた時に、やり方はどうであれ真っ先に挙がる項目は間違いなく「授業」でしょう。しかし、現状の学校では往々にして「授業」の優先度が低いのです。そして、そうなってしまう原因のひとつがカリキュラムマネージャーの不在だと考えられます。

文科省は「カリキュラム・マネジメント」を次のように規定しています。

○教育課程とは、学校教育の目的や目標を達成するために、教育の内容を子供の心身の発達に応じ、授業時数との関連において総合的に組織した学校の教育計画であり、その編成主体は各学校である。各学校には、学習指導要領等を受け止めつつ、子供たちの姿や地域の実情等を踏まえて、各学校が設定する教育目標を実現するために、学習指導要領等に基づきどのような教育課程を編成し、どのようにそれを実施・評価し改善していくのかという『カリキュラム・マネジメント』の確立が求められる

○「カリキュラム・マネジメント」については、校長又は園長を中心としつつ、教科等の縦割りや学年を越えて、学校全体で取り組んでいくことができるよう、学校の組織及び運営についても見直しを図る必要がある。そのためには、管理職のみならず全ての教職員がその必要性を理解し、日々の授業等についても、教育課程全体の中での位置付けを意識しながら取り組む必要がある。また、学習指導要領等を豊か

に読み取りながら、各学校の子供たちの姿や地域の実情等と指導内容を照らし合わせ、効果的な年間指導計画等の在り方や、授業時間や週時程の在り方等について、校内研修等を通じて研究を重ねていくことも考えられる。
（初等中等教育分科会・平成27年9月14日、資料より）

そして、新学習指導要領では3本柱は次のように規定されています。

- 学んだことを人生や社会に生かそうとする学びに向かう力、人間性など
- 実際の社会や生活で生きて働く知識及び技能
- 未知の状況にも対応できる思考力、判断力、表現力など

この3本柱をベースに、学校独自がどのような力を生徒に身につけてもらいたいかを考えて、味つけをしていくのが、カリキュラムマネージャーとしての役割です。授業内容を俯瞰して検討し、カリキュラムのあり方を通じて職場の触媒となっていくというのが、私の考えるカリキュラムマネージャー像です。

【学習指導要領における カリキュラム・マネジメントのポイント】

【各学校における カリキュラム・ マネジメントの確立】	●教科等の目標や内容を見渡し、特に学習の基盤となる資質・能力（言語能力、情報活用能力、問題発見・解決能力等）や現代的な諸課題に対応して求められる資質・能力の育成のためには、教科等横断的な学習を充実する必要。また、「主体的・対話的で深い学び」の充実には単元など数コマ程度の授業のまとまりの中で、習得・活用・探究のバランスを工夫することが重要。 ●そのため、学校全体として、教育内容や時間の適切な配分、必要な人的・物的体制の確保、実施状況に基づく改善などを通して、教育課程に基づく教育活動の質を向上させ、学習の効果の最大化を図るカリキュラム・マネジメントを確立。
【カリキュラム・ マネジメントの ３つの側面】	①各教科等の教育内容を相互の関係で捉え、学校の教育目標を踏まえた教科横断的な視点で、その目標の達成に必要な教育の内容を組織的に配列していく。 ②教育内容の質の向上に向けて、子供たちの姿や地域の現状等に関する調査や各種データ等に基づき、教育課程を編成し、実施し、評価して改善を図る一連のPDCAサイクルを確立する。 ③教育内容と、教育活動に必要な人的・物的資源等を、地域等の外部の資源も含めて活用しながら効果的に組み合わせる。

レストランに喩えるならば、カリキュラムはメニューに該当します。レストラン（学校）は提供できる料理（授業）をメニュー（カリキュラム）としてまとめ、試行錯誤しながら変更や改善を繰り返します。常にメニューをどのように構成するのか、食材から調理内容、価格設定などを研究するわけです。これからの学校には、そういうジェネラルな専門家が必要不可欠です。学校組織においては今までにない仕事であり、いわゆる管理職でもなく、中間管理職でもなく、教師でもなく、その間に存在するというイメージです。

ミドルアウトマネージャーが存在することで、本章でサンプルとして紹介した職員会議も改善していくのではないかと考えられます。そもそも、職員室での議論をマネージできない学校に、生徒をマネージできるとは思えません。ゼロベースで抜本的な改革を考えるのであれば、新しいロールや価値観を導入することには意味があります。そのような柔軟性がなければ、この改革時代に「生徒のため」の学校づくりは難しいでしょう。

もちろん、外部からミドルアウトマネージャーを連れてくることも良いですし、難しければ教師の誰かが、ミドルアウトマネージャー的なポジションになっていくのも良いと思います。そのような存在を作っていくためには、校長のビジョンは必須ですし、全教師への合意形成も不可欠です。

NOTE

［＊1］**変形労働時間制**＝労働基準法は労働時間の上限を原則「1日8時間、週40時間」としているが、月単位・年単位で調整することで、繁忙期などで増加した勤務時間を時間外労働としなくて良いという制度。

［＊2］**N高校**＝インターネットと通信制高校の制度を活用した学校。従来型の学校と合わない生徒の需要に合わせた多様なコースや選択授業だけでなく、最新の技術の導入や、担任制の導入による卒業率の高さ、進学実績、教師の働き改革の実践においても注目されている。

［＊3］**ミドルアウトマネージャー**＝トップとも現場とも対等な立場を持ち、現場周辺で経験的に学び経営的視点で考える中間管理職。トップダウンやボトムアップではなく、優秀な中間管理職によるミドルアウトのほうが組織改革に効果があるとして近年注目され始めている。

第6章

小中高12年間を連続的に考える

発達段階による学びと受験

石川一郎

右脳、左脳、こころ

この章では、人間が社会生活や教育のなかで後天的に学んで身につけていく力と、そのための学校マネジメントについて、考察してみたいと思います。

人間の脳は、「右脳」と「左脳」に分かれており、それぞれが異なる機能を持っています。右脳は、イメージの記憶、直感・ひらめきを、左脳は、読む・書く・話す・計算などの言語、文字の認識や計算と算数・数理的推理、論理的思考などを司っています。ようするに、右脳はより抽象度が高く全体視的な思考を、左脳は具体的で解像度の高い思考を行なう機能があるといえます。

右脳、左脳というと、よく「あなたは右脳派ですか、左脳派ですか」などといった診断クイズがあったりして、人間の性格や行動にはタイプがあるように捉えられがちですが、本

【右脳と左脳の機能と役割】

来、人間は両方の機能を持って生まれてきています。最新の研究でも、先天的にどちらかのタイプに偏っていることはほとんどなく、個人差は少ないとされています。

現在の教育内容でかなりの部分を占めているのは、左脳的なトレーニングであるといえます。中学校の教科では、国語・数学・英語はまさに左脳の機能と合致しており、これらは「主要教科」などといわれて入試科目になっています。一方、音楽や美術などの右脳的な教科は「技能教科」「副教科」などといわれ、「それも大事だ」くらいの扱いになっています。

さらに、教師のマインドがよく表れてい

るのは、生徒への評価です。

- **「主要教科」の点数が高い勉強ができる「左脳派」の生徒**
- **「副教科」の才能が優れている個性的な「右脳派」の生徒**
- **学級活動や行事で縁の下の力持ち的に働く人として素晴らしい「こころ派」の生徒**

というふうに生徒を大別していることが多いのではないでしょうか。

学校教育に蔓延する左脳的な能力偏重主義

ほとんどの現場において最も評価されるのは「主要教科」であるため、左脳的な能力開発に偏ってしまっています。もちろん、トレーニングすることで機能は強化されていくものですし、学校教育がその部分の役割を担っているのは間違いありません。しかし、AＩやロボットが強みを持つ部分もまた左脳的な役割なのです。今後左脳的なトレーニングは必要なくなるとまでは言いませんが、左脳的な能力偏重の学校教育のあり方は再考する必要があります。

また、現状の教育現場における右脳的な直感やひらめきの扱いにくさも課題です。テストでは問いにくく、正解もない、教師が教えようもない、といった印象を持たれることが多いです。

教師の問いに対して、何か面白いことを思いついた生徒の発言は、往々にして「それもいいけどね。今大事なのは○○だから」などという対応をされがちです。しかし、答えのない問いや予測不可能な未来に対応する力こそ、抽象化し全体視をする右脳の役割といえます。音楽や美術は、学校教育のなかで右脳的な能力開発をするには最適な教科だと思いますが、現状では「副教科」という扱いで、十分に活用されていません。

AIと共存していく社会において人間に必要なのは、「左脳的能力」「右脳的能力」「こころの力」、この3つの力の融合です。矢萩さんの文脈に乗るならば、「具体力」「抽象力」「想像力」と言い換えられるかもしれません。そして、それらの力は本来的に皆が持っているものです。それらをバランス良く伸ばしていくためには、学校を再組織化する必要があります。

小中高の12年間を、連続的に考える

一般的に教育に関する書籍では、小学校に関するものと中学校・高校に関するものはそれぞれ別に扱われてきました。小学校に関するものは授業の進め方や教材の使い方といった実践例、中学校に関するものは思春期の子どもへの対応法が多く、学習内容を扱ったものはあまり見かけません。高校に関するものは大学受験を見据えたデータの紹介や対処法が大半です。

学校という構造に合わせるならそれが合理的かもしれませんが、学校現場で12年間をトータルで見ていると、発達状態とマッチしているとは思えないことも多々あります。

そこで本章では、小学校から高校までの12年間の教育を、学校という区切りを取り払って、4年間ごとに整理して考えてみることで、学校を再組織化するためのヒントを探りたいと思います。

前期（小学校1年～4年）「多様な幼児教育、画一的な小学校」

最初のポイントは、幼児教育と小学校の教育の違いです。

幼児教育には多種多様な選択肢があります。子どもたちの感性を重視するモンテッソーリ教育［＊1］、英語で全部授業を行なうインター系など、運営する側の教育方針によって教育内容は大きく異なります。義務教育の前段階であり、家庭から離れて他人から教育を受ける初めての機会であるため、子どもの性格などを十分考慮し、家庭の教育方針を改めて考えて、どのような教育を受けさせたら良いかを判断する必要があります。引っ越しをしてまでも良い教育を受けさせようという話も少なくありません。

しかし、幼児教育を終えて、いよいよ義務教育を受けさせる段階になると選択肢が急に狭まります。学費を負担することが可能な場合は、私学という選択肢もありますが、大概は公立の小学校に進学します。特殊な教育を続ける選択肢もあることはありますが、各種学校［＊2］や無認可校は学習指導要領に沿わず、学費も高額になるため、敬遠しがちではないかと感じます。

せっかく多種多様な幼児教育の機会があったのにもかかわらず、大部分の小学校では画一的な教育を受けなくてはなりません。幼少連携［＊3］という言葉は残念ながらほとんど聞かれません。特に、感性を大事にする幼児教育を選択していた場合、いきなり画一的な教育に入ってしまうことで、子どもに大きな心の迷いが生じる可能性があります。

そもそも人間は、社会生活において多種多様な生き方をしています。グローバル化が進めば、生き方の多様性はさらに加速していくでしょう。画一的な教育で育つ子どももいるし、そうでない子どももいます。小学校低学年でいかなる教育方針のもと、どんな教育内容を行なったら良いのか、今一度考えてみたいと思います。

「2分の1成人式」は誰のため？

ここで触れておきたいのが、昨今盛んに行なわれている「2分の1成人式」に対する違和感です。

いつの間にか多くの学校で行なわれるようになっているようですが、私にはどうも商業主義が強すぎるという印象を受けます。保護者に対して、成人になるまでの半分を経過したことに「ご苦労様」という意味合いなのでしょう。保護者向けなら保護者向けとして、子どもを巻き込まないでほしいものです。

この時期は、まずは自分自身のこと。そして、友達にまで心が回れば十分ではないかと考えます。お世話になっている人への感謝の気持ちを持つことはもちろん大事ですが、この時期にはまだそういう気持ちを持てなくても問題ない、というのは言いすぎでしょうか。

私は、10歳という年齢や発達状態とのミスマッチを感じます。

式典は、子どもたちにとってもひとつの「ゴール感」を持つものです。

そのゴール感から、保護者や教師は「何ができるようになったのか」など必然性を求めてしまいがちです。発達段階もまちまちなこの時期に、はたしてゴールのようなものが設定されることが必要なのでしょうか。子どもたちの教育は、大人の満足のためにあるのではありません。現在の教育における問題点は、「子どものため」といいながら、子どもを育てた大人の側が主人公になりがちであることです。教育の中心は子どもであることを、改めて確認する必要があります。

「集団行動」と「目標に向けた行動」を考え直す

「みなさん、ごいっしょに」「ここまでできたらいいですね」

このふたつの言葉が大きく教育のなかに位置づけられているのが小学校です。

「みなさん、ごいっしょに」は、集団行動を促す言葉です。「ここまでできたらいいですね」は、目標に向けた行動を促す言葉です。

教育の大きな目標のひとつが、子どもたちが「社会生活を円滑に営むことができるようにする」ことであるのは間違いありません。だから、小学校という社会の中でこのふたつを教えていくことに意味はあります。

ほかの子どもたちに迷惑をかける行為をしないマナーを習得させることは重要ですし、授業中におしゃべりすることは明らかに周囲には迷惑をかけます。社会に出てからも、公共の場やチームで何かに取り組む際に、お互いに気を配り合い、個人の勝手な振る舞いで迷惑をかけないようにすることで、自分にとっても他者にとっても過ごしやすい環境を作る姿勢は当然求められることです。

しかし、ここでのポイントは、次ページで紹介するピアジェとエリクソンの発達理論でもわかるように、そもそも小学校の低学年は発達の個人差がものすごく大きい時期だということです。4月生まれと3月の早生まれでは、精神的にも肉体的にも大きな差がありまず。そのうえ、幼児期には多種多様な教育を受けてきているのです。個人差があることを前提とするならば、この時期の集団行動と目標に向けた行動は、決して完成度の高さを求めるものではなく、そこに優劣はないという認識を持つ必要があります。

また、「集団行動のための集団行動」はいかがなものかと思います。朝礼などで整列するときに、列が揃うまで担任が前に出てプレッシャーをかけていく、といった光景を目にすることがありますが、何の意味があるのでしょうか。「なぜそれが必要か」を説明しないで集団行動を徹底しようとすると、「言われたことは、余計なことを考えずにやったほうが良い」というマインドが醸成されてしまい、中学・高校でそれを解除することは困難です。自立・自律の芽を摘むような指導は慎むべきでしょう。

次に「目標に向けた行動」について考えてみます。

教育現場では、「目的」と「目標」を混同してしまっている場面がよく見られます。たとえば、テストの「目的」は何でしょうか。本来は、学習した範囲をどのくらい理解しているか測定することが「目的」だと思います。自分の理

5段階	6段階	7段階	8段階
青年期 （13〜22歳） ●課題＝ 同一視 ●危機＝ 役割混乱	**前成人期** （23〜34歳） ●課題＝ 親密 ●危機＝ 孤立	**成人期** （35〜60歳） ●課題＝ 生殖性 ●危機＝ 停滞性	**老年期** （61歳ごろ〜） ●課題＝ 自我の統合 ●危機＝ 絶望

ピアジェとエリクソンの発達理論

【ピアジェ・4つの発達段階】

1段階	2段階	3段階	4段階
感覚運動期（0〜2歳）	**前操作期（2〜7歳）**	**具体的操作期（7〜11歳）**	**形式的操作期（11歳〜）**
●成長とともに自らの体を動かし、五感の刺激を求めシェマ・同化・調節を繰り返す。 ●周囲の人の声かけ・お世話・スキンシップで「他者と自分を区別」「ものの形・役割」「物事を予測する」ことを覚え、この時期に次の3つの認知機能が発達する。 ①循環反応 ②対象物の永続性 ③シンボル機能	●言語機能・運動機能ともに発達が著しく、この時期に物事を自分のイメージを使って区別して認識できるようになる。 ●論理的思考力・共感力などは未発達な場合が多く、自己中心的な思考・行動パターンになり、この時期には次の3つの特徴が見られる。 ①自己中心性（中心化） ②保存性の未発達 ③アニミズム的嗜好	●論理的思考力が発達し、相手の気持ちを考えて発言・行動できるようになる。 ●数的概念が理解できるようになり、重さ・長さ・距離など比較も可能となり、この時期には次のふたつの特徴が見られる。 ①保存性の習得 ②脱自己中心性	●物事に筋道を立て、予測しながら考える論理的思考、抽象的思考ができるようになる。 ●説明・映像などから具体的なイメージを描くことができる。 ●今までの知識・経験を応用し、仮説を立て、結果を予測して行動・発言することもできる。

【エリクソン・8つの発達段階】

1段階	2段階	3段階	4段階
乳児期（0〜2歳）	**幼児期（2〜4歳）**	**遊技期（5〜7歳）**	**学童期（8〜12歳）**
●課題＝ 基本的信頼 ●危機＝ 基本的不信	●課題＝ 自律性 ●危機＝ 恥と疑惑	●課題＝ 自主性 ●危機＝ 罪悪感	●課題＝ 勤勉劣等感 ●危機＝ 劣等感

解度を自覚して学習の取り組み方に役に立てていくのは大事なことです。しかし、その「目的」がいつの間にか、何点取れたのかという結果に置き換わってしまっています。テストで80点以上というのは「目標」であり、ひとつの目安として活用して目的を達成するための「手段」でしかないのですが、目標や手段が目的化して、「点数が取れれば良い」となってしまいがちです。全国学力テスト［＊4］においても、その傾向は明らかです。

低学年こそ、結果を求めるのではなく、プロセスを重視する副教科に力を入れ、右脳的能力を伸ばしていくのにふさわしい時期だといえます。手段の目的化や、結果からの逆算癖が身についてしまわないように配慮することが、「生きる力」を目指す学びを考え直すための基盤になります。

中期（小学校5年〜中学2年）「反抗期と正しく向き合いたい 〜 前半は『知的な反抗期』」

この時期の教育に関しては、小学校と中学校という学校種がまたがることもあって、あまり連続的に取り扱われていませんが、子どもから大人に成長していく時期であり、同時に反抗期でもあるという、身近な大人にとっては厄介な時期でもあります。私の持論ですが、反抗期をふたつの段階と種類に分けることで、関わり方を整理できます。

まず、小学校の5年と6年。この時期を「知的な反抗期」と呼びたいと思います。学習漫画を手に取ったり、社会や歴史の本に触れたりと、多くの子どもたちが「知」に対する興味を持つ時期です。また、国語の文章などをクリティカルに読む子もいて、教師による道徳的な教え込みとは違う受け取り方をする光景も見られます。不完全であるかもしれませんが、自分の頭で考え、自分の意見を持とうとするのです。

しかし、残念なことに、この時期が小学校の教育の完成の時期と重なっているのです。多くの教師が思い描く理想的な子ども像は「集団行動をする中で、周囲の子どもに気配りができる」「目標に向けて努力し続ける行動ができる」のふたつです。子どもたちは、教師が求めている像もよくわかっているので、それに合わせようとします。結果については個人差があって当然であり、多くを求める必要はないという認識があれば、それ自体は問題ではありません。

問題なのは、このふたつに「授業に知的に取り組む姿勢」といった点がまったく入っていないことです。教師の指示したことを最後まで努力してやり抜けば、思考停止したままでも評価が高くなってしまうのです。

まとめて言うならば――

●「思考」を停止して、「集団行動」を優先してしまう
●「思考」を停止して、「目標達成」だけに突き進んでしまう
●「知的」な反抗期と十分に向き合う時間が取れない

この3つが小学校高学年での問題点と言えます。

これらは、小学校高学年の時期に行事が多すぎることにも起因していると考えられます。せっかく「知的」なことに興味を持っていて、なおかつ、授業でも発言や手も挙がりやすい時期に、「組み体操」とか演出が過ぎた「卒業式」とかが本当に必要なのでしょうか。行事などは最小限にして、授業中心の学校活動を組織したいところです。

知的に背伸びをしようとしている時期は、アクティブ・ラーニングがやりやすい時期だといえます。なぜなら、授業で取り扱う知識・技能の絶対量は比較的少なく、発展的な教材を扱うだけの時間的余裕もあり「自分の意見を持って、発言できる」からです。「自分で

考えて意見を述べる」のですから、少々毒のある、とげのある意見を述べる小学生がいても良いのではないでしょうか。それをファシリテートすることを、この時期の教師の中心的な役割と考えると良いと思います。

中学受験について

今まで書いてきたことと矛盾していると思われるかもしれませんが、私は中学受験に関しては賛成です。その理由と注意しなければならない点をここで書いておきたいと思います。まず、賛成の理由はふたつあります。

第一に、中学入試には小学校で扱われないような良質な問題が出題されます。すべての学校とは言えませんが、子どもたちの論理的思考を問い、クリエイティブな思考に誘う問題が出題されています。小学校の教育のなかで知的好奇心を十分に発揮できない「知的難民」の子どもたちが、ようやくその力を発揮できる場に出会えるのです。

第二に、中学受験をするにあたって塾に行くケースが大半だと思います。かつては塾と学校は対立している印象もありましたが、近年の塾は学校に比べて多様性も増してきており、「授業」を中心に仕事をしたいと考える大学生は、教師のブラック労働［＊5］で問題になっている学校より塾を選ぶ傾向もあります。行事や生活指導に時間をかけることがないので、良質な授業が提供される可能性もあります。幼児教育と同様、保護者が我が子の適性を考え、家庭の教育方針のもと塾を選択し決定できることは時代にも合っています。

ただし、注意しなければならない点もあります。第1章でも触れられていますが、教育虐待の問題は看過できません。私は、中学受験には結果は求めなくて良い、という一見矛盾した考えを持っています。中学受験は「知的難民」の子どもが、良質の問題や学校以外での相性の良い指導者と出会うことができる機会です。合格のために知識を詰め込んだり、パターン学習を徹底的にやったりすることは、中学以降の学習に関して点数さえ取ればいいという誤った概念を子どもたちに植え付けてしまいます。より高い偏差値や受験の結果を求めていくことに何の意味があるのかをしっかりと考えたうえで、中学受験という選択も考えてほしいところです。

「組体操」の是非

数年前から「組体操[＊6]」に対する批判の声が大きく取り上げられています。しかしながら、現場では意外にも「組体操」擁護派が多いのです。教師は当然ですが、子どもたちも嬉々として取り組んでいるという事実もあります。怪我が頻発する危険性があるのに「なぜ？」と感じると思いますが、その危険性がまた妙な連帯感を生み、より盛り上がるという構造になっています。

「組体操」は、前述の「集団行動」と「目標」の完成度を測るには絶好の取り組みであるといえます。全体のために怪我をするかもしれないという恐怖心を乗り越えて、成功のために全員で力を合わせて取り組むことで生まれる連帯感は、子どもたちだけでなく担当した教師にも波及します。「組体操」が完成すれば、子どもたちは抱き合って喜ぶし、それを担当した教師も涙ぐみながら喜んでいるという光景が見られます。

さて、この「組体操」は将来子どもたちにとって役に立つ経験といえるのでしょうか。

戦前の軍国教育や、戦後の日本企業が猛烈だった時代には役に立ったのかもしれません。組織全体の利益が優先されて、個人はその歯車として自己犠牲もいとわないという感覚を育てるには、有益な行事でしょう。

しかし、今は令和の世の中です。自己犠牲もいとわず組織全体の利益が優先されるという価値観は、ますます薄れていくことは間違いないでしょう。「組体操」は小学校の最高学年である6年生で実施されることが多いですが、小学校教育のある種のゴールが「組体操」では、時代に逆行していると言わざるを得ません。

小学校低学年で「集団行動」と「目標に向けた行動」に過度に取り組んだ結果、高学年で行なう「組体操」にその成果を求めてしまっている構造に目を向けなければ、学校を再組織化することは難しいでしょう。

「自分とは何者か？ ～ 後半は『自立的な反抗期』」

次に、後半の中学1年と2年は「自立的な反抗期」と呼びたいと思います。対峙する大人からすると最も面倒な時期ですが、現場で子どもたちを見ていると、この反抗期のエネルギーが以前に比べて相当落ちているような気がします。これにはふたつの理由が考えられます。

ひとつは、低成長の社会が続いていることです。以前は少なからずあった「若者が世の中を変えていく」といった雰囲気がなくなってしまったと感じます。若者からは「（社会に）逆らっていたら自分の社会での居場所がなくなってしまうのではないか」という不安の声もよく聞きます。

もうひとつは、安定志向の保護者による過保護です。子どもにとっても居心地が悪いものではなく、そのため昔と比べて思春期になっても保護者と仲の良い子どもが増えているように見えます。

イギリス人教師に聞いた話です。生徒たちに対する究極の投げかけの言葉は「WHO　ARE　YOU?」で、この言葉が目上の人から投げかけられた時には、「あなたは何者だ?」だけでなく「そんなことをする人間なのか?」とも「あなたは何がしたいのか?」とも捉えられるのだと聞きました。まさに、「自分とは何者か?」という「問い」に無意識に向き合っている時期がこの自立的な反抗期だと考えられます。背伸びをして自分の人生を創造的に切り開こうとする、とても大事な時期です。

この反抗期が過ぎると、自分自身を外側からメタ認知する力も芽生えていきます。この時期に学校は、部活などでエネルギーをそらすようなやり方を取ってきました。放課後に活動をすること自体は良いことだと思いますが、深く内省する時間や心の余裕も必要です。「谷深ければ山高し」という言葉があります。より悩ましくはなると思いますが、哲学や宗教に向き合い先人の深い思索に触れる、あるいは人の生き方に関する本を読み思い悩むといった挑戦は、この時期にこそ意味があります。

今後生きていくうえで正解のない問いに日々直面していくのですから、それに向けて知的な基礎体力を身につける経験に目を向けることも、授業や行事をマネジメントするうえで重要な視点です。

中学1・2年の「学び」は何を狙いとするのか?

次に、中学1・2年の学習について考えてみます。

この時期の学習を小学校高学年と比較すると、①知識・技能の量が増える ②論理的思考の要求度が上がる ③定期テストが導入される——という変化があります。

また、学習内容としてボリュームのある英語の教育が本格化します。この時期の教育は、どの段階を見据えてのカリキュラムになるかで大きく異なります。ここでは、公立中学校と中高一貫校に関して考えてみます。

公立中学校の場合

公立の場合は、高校入学までを見据えたカリキュラムとなります。この時期の問題点はカリキュラム自体ではなく運用の仕方で、ポイントはふたつあります。

第一に、昨今中学校の教師のブラック労働ぶりが話題になっていますが、生徒にとっても忙しすぎるといえます。行事だけでも、文化祭、体育祭など準備を含めるとかなりの日数が必要なものをはじめ、合唱祭や宿泊行事、さらに部活の大会やコンクールもあったりします。そのほか、定期テストも年に数回あり、生徒たちにとって常に何かやらなければならないことがある状態です。授業が潰れることもあり、落ち着いて発展的な学習をする時間はありません。正直、何かを犠牲にしなければ本を読む時間もないほど忙しいというのが実態です。

第二に、定期テストの存在です。高校進学を考えると内申点に大きく反映する定期テストは、生徒にとっても教師にとっても大きな位置づけとなっています。そのため学習内容は、どうしても定期テストに引っ張られていってしまいます。そして、定期テストで平均点が7割くらいで正規分布するような問題を作成するとなると、「知識・技能」を中心とした問題となる傾向があります。生徒は、発展的な学習をするよりも、丸暗記やドリル型の学習を繰り返したほうが点数を確実に取れるので、あまり深く考えることなく、定期テスト対策こそが学習だと思いがちになります。

結論的に、公立中学校の生徒たちは、忙しい日常のなかであまり深く思索する時間も取れず、発展的な学習をする余裕もないと言えます。千代田区立麹町中学校［＊7］のような構造的な改革がなければ、この状況を変えるのは難しいでしょう。

中高一貫校の場合

中高一貫校の場合、大学入試を見据えたカリキュラムを採用しています。多くの学校では、高校2年生までに中学校と高等学校のカリキュラムをすべて終えて、高校3年生は大学入試対策の演習授業を行なっています。いわゆる「先取りカリキュラム」です。

中学受験でかなりのレベルの学習をした生徒からすれば、中学校の教科書の内容は正直簡単なので、普通にやっていても先取り的になってしまうのはわかりますが、日常の授業で身につけた「知識・技能」を発展的なものにしていくのではなく、高校で身につける「知識・技能」を単に先取りしているケースが多く、6年間で学ぶことを俯瞰してカリキュラムを組み立てているのかについては、甚だ疑問です。

カリキュラムの根本の発想が大学受験ありきになっているため、受験に関係ないものは後回しにするという考え方が刷り込まれていき、「勉強はテストで点数を取るためのもので、つまらなくてもやり続けなければならない」という考えに陥りがちです。

以上、公立と一貫校の違いを説明してきましたが、いずれも中学校の学習に関してはあまり組織化されていないのが現状です。

この時期は、知的好奇心や発想力をなるべく潰さずに、なおかつ背伸びをさせつつ思考を深めていく時間を取ることが求められます。

知識を活用する楽しさ、クリティカルに物事を考える深み、仲間と議論する楽しさやマナーの大切さを実感し、学ぶことを前向きに捉えるためのカリキュラムや授業をデザインすると良いでしょう。

後期（中学3年～高校3年）「大学入学準備教育」

いよいよ初等・中等教育の最後の4年間です。

この期間は基本的に、その後の高等教育機関の準備にあたる時期だと考えます。プレップスクール［＊8］という言い方がありますが、大学に入ることをゴールとするのではなく、大学に入ってから学問を続けていくうえでの学びの作法を身につけておきたい時期です。

12年間の初等・中等教育の再組織化を考えるうえで、どうしても高等教育の再組織化も考えねばなりません。私が考える理想は次のようなキャリアデザインです。

❶ リベラル・アーツを学び世の中を広く知る

❷ ①の上で専門（メジャー）を選び、ある事象を掘り下げる

❸ インターンなどで実際に社会に出て学んだ事象を実践する

❹ インターンした後に学びを再び深めていくか、他の専門を志す

この時期の学びを考えるうえで、どうしても限界を感じてしまうのは、大学入学時に学部学科を決めざるを得ない大学のシステムです。このシステムに合わせると、高校2年生に上がる前には文系理系の選択もする必要があり、高校3年生になった時点では学部学科もある程度決めておく必要があります。

将来を考えることは決して悪いことではありませんが、学問内容にしても、ましてやその先の仕事にしても、やってみないとわからないのが実情です。

せっかく頑張って大学に合格し、就職をしても残念ながらミスマッチですぐに退社してしまうという話も珍しくありません。ＡＩやロボットによって急速に仕事のあり方も変化していくことが予想され、さらに「人生１００年時代」で、今よりも長く働くことが予想される未来のことを考えると、現状の高等教育のシステムや就職のシステムが先に変わる必要があります。

どの教科も味わっておくことに大きな意味がある

さて、後期の4年間の学びに話を戻します。

反抗期がやや落ち着き、人間的にも成長してくる中学3年生や高校1年生の学びはとても重要なのですが、残念ながら公立中学の場合は高校受験があるので、一度流れが分断されてしまいます。高校受験は中学受験と比較して難解な問題は少なく、また内申点が大きく影響するため、残念ながらその後の学習の可能性を広げることにはつながりにくいと考えられます。

一方で高校受験のない私立や公立の中高一貫校においては、この時期の学びはとても有益なものにできる可能性があります。

「中だるみ」という言葉がありますが、良い意味で「たるむ」ことで幅を広げ、将来のことをじっくり考えてほしい時期です。この時期の学習内容は知識・技能の量も格段に多くなり、抽象的な思考も問われ始めます。

しかしながら、中学3年と高校1年の学習内容は、学問的にはまだまだ基礎の基礎であり、教科書を読む力があれば理解するのはそう難しいものではありません。

ですから、どの教科も積極的に取り組んでほしい。ここで声を大にして言いたいことは、「どの教科も」ということです。

国語や数学や英語といった教科だけでなく、理科や社会、そして、音楽、芸術、保健体育、技術家庭、道徳、総合といった入試でほとんど扱われない教科も味わっておくことに意味があります。学校で設定されている教科は、系統立てて学びやすいように便宜的に分かれているだけで、世の中のものはすべてが入り交じって構成されているのですから。

そして、その時期を担当する教師に言いたいことは、自分の教えている教科を好きになってもらいたい、面白いと思って教えてほしいということです。

「大学受験に何が必要か」という観点ではなく、定期テストに何を出題して単位が取れるとか取れないとかいう話でもありません。「なぜ、この教科を学ぶのですか」といった生徒からの質問に、教師なりの答えを持つことは当然のことです。

また、教師もひとりの社会人として、世の中の事象にも興味を持って、生徒たちにさまざまな視点からアドバイスをしてほしいと思います。

教師には「哲学」を持ってほしい

いよいよ、最後の2年間です。この時期になると生徒たちは、自分の将来を考えて真剣に学習に取り組むようになってきます。自分と向き合うことで、それまで以上に大人になり、教師を見る目も変わってきます。「〜先生」から、ちょっと気取って「〜さん」みたいな敬意を込めた呼び方に変えてみたりもします。

現行の大学受験システムでは意識しなければ難しいですが、受験科目であってもなくても高校の最後までしっかりと学んでほしい。

そのために教師に求めたいことは、「哲学」を持ってほしいということです。

自分もまだ現役の学び手であり、教科に関して本を読んだり考えたり、また、そのなかで生きることの意味を見出だそうとしている。そうした人生の先輩の姿や背中を生徒たちに見せることこそ、教師の意義であり教育の基本だと考えます。

生徒たちは、受験というある意味人生における大きな壁に立ち向かっている時期です。その時期には、大人が本気で生きているのかがよく見えてきます。決して教育サービスに終始するのではなく、人生の先輩として生徒たちとの関係を構築していくことが求められます。

以上、12年間の学びを一体的に見直してきましたが、反抗期を迎えて抽象的な思考ができるようになる中期の4年間を軸に考えると、学校が変わることで分断されがちな、小6と中1の接続と中3と高1の接続が大事だということが見えてきたと思います。小中一貫校や中高一貫校、あるいは大学附属校も含めて、接続することで生まれる余裕を「右脳的能力」のトレーニングや「こころの力」を育む時間に当てられるようなカリキュラム改革を進めることが必要でしょう。また、保護者には近視眼的に目の前の受験に囚われすぎず、連続的な視点で学校や子どもが関わる場を選ぶことが望まれます。

NOTE

［＊1］**モンテッソーリ教育**＝20世紀初頭、イタリアの医師マリア・モンテッソーリ（1870－1952）によって考案された教育法。子どもを観察し学ぶ姿勢が重視され、子どもは独自の基準で用意された教具に触れ、経験的に感覚を養っていく。

［＊2］**各種学校**＝学校教育法の第134条で規定されている、第1条で掲げるいわゆる「一条校」以外の学校教育に類する教育を行なうもののうち、都道府県知事の設置認可を受けたものを指す。

［＊3］**幼少連携**＝幼稚園と小学校（学校教育法に基づく学校同士）の連携のこと。「連携」とは「同じ目的を持つ者が互いに連絡を取り、協力し合って物事を行なうこと」を指すため、多様化する幼児教育と連携できる小学校は少ないといえる。

［＊4］**全国学力テスト**＝2007年に始まった文部科学省による小6と中3を対象とした「全国学力・学習状況調査」のこと。都道府県と政令市別の平均正答率を公表するため、成績上位下位にかかわらず自治体によるプレッシャーがかかり、点数を上げるための事前練習に追われることで授業時間を圧迫するなど、教育の本来の目的を取り違えることにつながっていると指摘されている。

［＊5］**教師のブラック労働**＝OECD国際教員指導環境調査（TALIS 2018）によると、日本の教員の1週間の仕事時間は参加48ヵ国・地域の中で最長だった。特に「課外活動の指導」は平均1・9時間に対し、日本は7・5時間と極端に長く、「一般的な事務作業」も平均の2倍を超えた。一方で、職能開発活動にかける時間は最短だった。

［＊6］**組体操**＝道具を使わず、複数人の力を利用し合う運動。学習指導要領からは1969年を最後に削除されているが、体育行事において実施する学校は多い。ピラミッド型やタワー型といった巨大組体操だけでなく、低い段数でも重大事故が起こって

いることが学校リスクの専門家である内田良氏により指摘され、「学校独自の判断に任せる」という見解だった文部科学省が態度を変えるに至った。多くの学校において安全に指導する体制ができていないことが問題であり、組体操自体の是非を問うことについては議論が続いている。

［＊7］**千代田区立麹町中学校**＝校長の工藤勇一氏による「宿題」「定期テスト」「担任制」の廃止を核にした改革を実施した公立中学校。目的と手段を見直し、教員だけでなく生徒・保護者と丁寧に合意形成をしていく方法は、改革のモデルのひとつとして注目されている。

［＊8］**プレップスクール**＝進学準備のために高度な教育を行なう私立学校。かつてはアメリカにおける寄宿制の男子校というイメージだったが、近年では共学化しイメージも変わりつつある。

第7章

生徒の未来のために「教師がやるべき12の改革」

思考のOSをアップデートするために

矢萩邦彦

文明批評家のマーシャル・マクルーハン［*1］は、メディアを身体性の拡張と捉え、「メディアはメッセージ」という謎かけとも取れるメッセージを残しました。メディアが発信する内容よりも、メディアそれ自体がメッセージとして機能するということです。教師という存在がメディアとしての自覚を持つことは、必要な覚悟であり意義であると私は考えます。

本章では、前章までに述べてきたことを含め「教師がやるべき12の改革」としてまとめてみたいと思います。教育関係者を想定はしていますが、ぜひ保護者のみなさんにも意識していただきたいことばかりです。

学びは学校や塾だけで起こることではありません。むしろ、普段接している大人の価値観が大きく影響します。教師だけではなく、関わる全員が、すべての事物が互いにメディアであるといえます。現代を生きる人間として、自分自身をアップデートするためにも、心がけていきたい視点です。

①母語能力を磨き、思考と対話の基盤とする。

探究とは思考すること。そして思考のOSとなるのが、母語です。他者や世界だけでなく、自分自身と対話することや、そのための言葉を持つことは、すべての活動の基盤といえます。それができて初めて、人間らしく学び成長することができます。

日々変化していく有機的な存在である「言語」を柔軟に捉え、使いながら改善していく姿勢が、関わる人たちを探究へ誘《いざな》う呼び水にもなるはずです。

②自分軸を持ち、道徳的ではなく倫理的に自己決定する覚悟を持つ。

道徳は外側からの規定、倫理はそれぞれが内側から思考して自己決定していくことです。

リベラル・アーツは自由になるための方法であり、それらを学ぶことは自己決定を目指す倫理的なプロセスであるといえます。

目的自体を設定することや、真善美を判断することは、ＡＩやロボットにできることではありません。興味の赴くままに、知識や方法を探究的に学ぶことで、結果として目的を設定したり価値を判断したり、自己決定ができる「自分軸」が生じてきます。「自分軸」をしっかり持った大人と関わり対話することで、子どもたちの「自分軸」も育っていきます。

③構造をメタ認知し、常に前提を疑うクリティカルな視点を持つ。

あらゆる問題は、前提を明らかにしていない傾向があります。つまり、前提や文脈を読む力がないと最適解を出すことは難しい。そういう意味で、問題を構造的に捉える視点が求められます。

環境や状況は常に変化します。インフラはもとより、常識すら移り変わっていくということは、ＩＴ革命以降私たちも体感してきました。そのような未知へ向かうためにも、過去の常識に囚われすぎないよう留意する必要があります。

授業においては、良質な思考から、より洗練された思考へナビゲートするために、構造や全体に目を向ける問いや、抽象的な問いと具体的な問いを意図的に使い分けることが重要です。

④編集的世界観を持ち、多分野にパラレルに関わる。

教科横断を実践するためには、学際的な視点が必要です。そのためには、自らが実践者として他教科へ越境し、「あいだ」を発見し、新たな対角線を引く必要があります。専門性に囚われず、果敢に専門外の領域に飛び込み、学ぶ姿勢こそが求められます。そのような実践を活発化させるためには、自分自身も多分野からの越境者を受け入れるマインドを持つ必要があります。領域を守るのではなく、領域をシェアしてつなげ、活用していく編集的世界観を持つことこそが未来的といえるでしょう。

越境は横の関係だけではありません。ミドルアウトマネージャーのような関わり方も、教育分野に限らず今後必要になります。自由にシステムを往来しながら、同じ組織内においても縦横に移動するポジションが有機的な「しなやかで強い」組織づくりを可能にします。

⑤「抽象化」を使いこなし、越境統合や合意形成を行なう。

なぜ、抽象化が大事なのでしょうか。

哲学者のヘーゲル［＊2］はテーゼとアンチテーゼという対立するふたつを統合していくことで、思考を次の段階に進める「弁証法」を提唱しました。対立しているように見えるものを統合するためには、構造をメタ認知し、抽象化することが必要です。越境統合や、あらゆる学びを自分のキャリアや仕事に統合するためにも抽象化は欠かせません。

また、それぞれの教師・保護者・生徒は、厳密には異なる目的や目標を持っています。対話を通じてそれらを引き出し、共通点を探し、抽象化してひとつにまとめていくことで教室や学校といった単位での目的に昇華させ、合意形成をしていくことは、全員が成長する場づくりにおいて重要な視点です。

⑥「想像」を習慣化し、答えのない問いに向き合う。

従来型の教育は、答えがあることを前提にした教育でした。

しかし、私たちが直面しているのは、「答えが複数ある」「答えが場合によって違う」「答えがあるかどうかわからない」というリアルな問題解決です。それらに協働して立ち向かう準備をしていくことが、社会的側面としての教育の使命でもあります。そして、当然ながら社会のために自分を犠牲にするのではなく、自らの幸福にもつながっていくようなヴィジョンを構想し、統合していくものでなければ意味がありません。

想像力教育はこれからの学びの鍵になります。想像力は、ＡＩやロボットには持てない力の代表であり、対話や探究のなかで育っていくものだからです。

自分自身に降りかかる問題から、これから人類が直面する大問題に至るまで、ポジティブに解決するヴィジョンを描き、共有することができれば解決に向かうことができます。

文学や哲学同様、ＳＦや漫画が科学を牽引してきたことは強調するまでもありませんが、想像力こそが人間らしさであり、人間力だといえます。

⑦相手をよく知ろうとし、学びによって柔軟に調整する。

ジャン＝ジャック・ルソー［＊3］は、その代表作『エミール』（岩波文庫）の序文で「とにかく、まずなによりもあなたがたの生徒をもっとよく研究することだ。あなたがたが生徒を知らないということは、まったく確実なのだから」と言っています。人間関係は文字どおり人間同士にしか作れないものです。教師と生徒の関係は教師が権威的かどうかで大きく変わってしまいます。

1990年まで20年にわたりNHK教育テレビで放送されていた工作番組『できるかな』で、子ども番組の主演ながら無言劇を貫いた「のっぽさん」こと高見映《えい》氏は、子どものことを「小さい人」と呼んで敬意を払っていたといいます。

一方で、寺山修司［＊4］は著書『猫の航海日誌』（新書館）のなかで、「子供は子供として完成しているのであって、大人の模型ではない。毛虫と蝶々が同じものであるわけないんで、毛虫は毛虫として完成しており、蝶々は蝶々として完成してると思う」と書きました。

このふたりの姿勢は片や「子どもも大人も同じ人間」であり、片や「子どもと大人は別の存在」としていますが、共通するのは両者とも決して上から目線ではなく、子どもを対等な存在として認め、リスペクトしていたという点です。

先日、私が授業を担当している小中高生約100人に「大人扱いしてほしいか、子ども扱いしてほしいか」という問いを投げたところ、ほぼ半数ずつに分かれました。

その理由などを掘り下げて対話していくと、大半の生徒はやはり「相手による」「時と場合による」という答えに行き着きます。

これは、実にリアルな感覚です。ブルーナー〔＊5〕は、子どもをどのような存在と見なすかによって学びへの影響が変わるとし、「フォークペタゴジー（教え方に関する直感的なモデル）」を提唱しました。そのなかで、子どもに対する見方を「模倣する者」「無知な受容者」「思考する者」「知識の運用者」という4つに分類し、何をどのように教えるかによって、これらの見方をバランス良く融合するべきだと主張しました。

相手の立場や相手との関係を決めつけずに柔軟に調整することが、ともに成長できる場を作るのです。

⑧現場に継続的に関わって、探究の共同体を作っていく。

「場の論理」を提唱する清水博氏は、『〈いのち〉の自己組織　共に生きていく原理に向かって』（東京大学出版会）のなかで、「居場所における共存在は、それを知ろうとする人間自身が、その共存在者のひとりとなって、居場所を主客に分離しないで、「自分ごと」としてその内側から見なければ見えてこない」、「主格分離状態では、不完全なことしか出来ない」と分析しています。

これはすなわち、現場に当事者として関わり「間主観性［＊6］」を共有していなければわからないということです。

勢いを増していく技術や社会の変化のなかでは、今現在の現場に関わらずに、研究も改革もカリキュラム・マネジメントも難しくなっていきます。そういう意味で、校長や塾長はもちろんのこと、教育機関のトップやマネージャー、教育学者や教育評論家に至るまで、現代の教育に意見をするならば、週1コマでもいいからその現場に立ち、生徒と継続的に関わることが求められます。抽象的な立場や過去の経験だけに立脚したアイデアは、ますます机上の空論となり力を失っていくと考えられます。

チャールズ・パース［＊7］は、探究者同士がお互いをリスペクトして対話することで相乗効果で探究がさらに進み深まっていく「探究の共同体」という概念を提唱しました。それは、思考には社会性が必要だと言い換えることもできます。ジョージ・ハーバード・ミード［＊8］は「子どもは学びによって社会的になるのではなく、社会的でなければ学びにならない」と解釈し、学校における過程と結果の逆転を指摘しました。

この考えはデューイらにも影響を与えています。社会的な場づくりのためには、まず私たちが当事者として場に関わる覚悟と実践が必要です。

⑨受動と能動・インプロの視点から、アクティブ・ラーニングを捉え直す。

哲学者マルティン・ハイデガー［＊9］は、「学習とは私たちに語りかけてきたすべてに対し応答しようとすることだ」と言いました。そして「教育とはそのように仕向けることなので更に難しい」とも。

今ここで、リアルタイムに応答することは、教育現場においてなによりも大事なことのひとつです。それを実現するためには、計画どおりに進めるだけではなく、インプロ［＊10］的に対話をする覚悟が必要です。

即座にリアクションやフィードバックがあることがライブ感を生み、モチベーションに火をつけるきっかけを作り、ナラティブな経験として紡がれていきます。

さて、「受動」の対義語は「能動」だとされていますが、本当にそうでしょうか。

仏教哲学では、能動は存在しないとされます。自らやってみたいと思ったとしても、何かしらそう思ったきっかけがあったはずで、つまりすべては受動であるという考え方です。

アクティブ・ラーニングは主体性を大事にしますが、主体性が受動から始まるのだと考えることは、教育の可能性ともいえます。デューイは、対話として経験のやり取りがなければならないと言いました。教師の言動や活動が波を起こし、共振していくイメージを持つことは、「探究の共同体」としての場づくりにおいても重要でしょう。

⑩教材やシステムを自分で作り、アップデートしていく。

生徒だけでなく、先生たちからも「教科書がつまらない」という愚痴を耳にします。

しかし、こう考えてみてください。もし、教科書が誰にとっても面白くわかりやすいものだったらどうなるでしょうか。そうです、教師は本当に必要なくなってしまいます。面白いと感じられない生徒が多いなら、むしろラッキーです。教科書を面白くするという部分で教師が活躍できるはずです。

そもそも面白いという感覚は相当に個人差があります。わかりやすさも同様です。生徒たちの個性を知っている教師だからこそ、教科書との橋渡しができる可能性があるのです。「面白い」という感覚はかなり広義ですし相性もありますから、すべての生徒に対応できないかもしれませんが、それでも自分なりの「面白さ」をプラスすることはできるはずです。

探究的な学びという文脈でいえば、教材は教師が自分で探究して作るのが本筋です。もちろん、用意された教材を自分なりに探究して授業を作っていくことや、協働して作っていくことも探究的だといえます。

つまり、扱う教材にどれだけ教師が探究的にコミットしているのかが重要だということです。主体的・対話的で深い学びをナビゲートするのですから、浅い教材研究で実現するはずもありません。ファシリテーション[*11]という言葉が一般的になって以降、内容を知らなくても「ファシリテーションの技術があれば大丈夫だ」という間違った認識も増えてしまいました。

ファシリテーターは本来、そのテーマに精通していてしっかり教えられる人が、あえて自分の知識を伏せて、決まった方向に誘導してしまわないように配慮しながら、外れすぎたときや明らかに間違った認識などが出てきた際に、正すという役割です。そのような役割が担えるように準備をしようという態度がなによりも大事です。

⑪最新の技術を知り、生徒たちの環境に精通する。

これからの社会で「生きる力」を養うのであれば、当然その社会の状況を把握している必要があります。

社会情勢の変化はもちろんですが、特に日進月歩する科学技術と、それによる環境の変化を知ることは今まで以上に重要になってきます。知らなければ活用はおろか、批判することも、対策することもできません。

授業自体が革新的である必要はありません。

たとえば、私が推奨するような時事問題を活用して議論をするなかで探究の種を見つけ、教科学習との間に対角線を引いていくような方法は、吉田松陰をはじめとした先人たちが現場で実践していた方法と本質的に同じです。

ただ、環境や時代にアダプトしたアレンジはどうしても必要になります。抽象を、いかに目の前の具体に降ろすのかということがポイントになります。

⑫振り返りやフィードバックを即座に生かし、改善する。

日々アップデートするためには、振り返りが欠かせません。そして、振り返りをして経験に落とし込み、思考や活動を改善することこそが探究といえます。まずは教師自身が探究の実践者でなければ、探究をナビゲートすることなどできません。また、探究的な学びかどうかにかかわらず、すべての学習においても改善していくことは基本といえます。

いちばん簡単なのは、授業アンケートなどを採ったときにそこに書かれていたことを、ほんの少しでも良いのですぐに採用して次の授業を改善することです。たとえば、言葉づかいひとつでもいいですし、問題を解く時間が長いという意見が多かった、あるいは早く終わっている生徒が多く見えたのなら、1分でもいいから縮めてみることです。

そういう小さな試行錯誤の積み重ねが、唯一無二の価値ある現場を作っていくのです。

以上、本書で取り上げられたポイントを整理して補足を加えました。

すでにできていることや意識していることもあると思いますが、大事なのは「やったらやっただけ進む」という感覚を持つことです。改革の目的は現場を変えることです。つまり、現場にいる教師こそ自分の力で変えることができる立場にあるといえます。しかも、革命と違い、国も「変えたい」と言っているのです。では私たちは何と闘っているのでしょうか。そこを考える必要があります。そして、自分軸を持って少しずつ現場を変えていく。変えようとアクションをすれば、それだけ変わります。RPG［＊12］のように、経験値が見えるわけではありませんが、その蓄積がいずれ認知できる変化につながっていきます。

NOTE

［＊1］**マーシャル・マクルーハン**＝（1911－1980）カナダの英文学者で文明批評家。印刷メディアから電気メディアへの移行が社会に与える影響について数々の予言的発言が注目された。人間の感覚機能の外部的拡張を可能にするすべての人工物を「メディア」と捉え、人間の中枢神経組織もコンピューターというメディアによって拡大・強化されると論じた。主著に『グーテンベルクの銀河系』、『メディア

論』など。

［＊2］**ヘーゲル**＝（1770－1831）ドイツ観念論を代表する哲学者。カントの二元論を批判し、自我を中心とする一元論として「論理学」「自然哲学」「精神哲学」を柱に、形而上学の体系を構築しようとした。特に論理学において提唱した、ある命題（テーゼ）に対して、それに反する命題（アンチ・テーゼ）が出たとき、これらを統合・止揚（アウフヘーベン）し、より高次の解決案（ジン・テーゼ）を求める「弁証法」は、問題解決の哲学として引用・活用されている。

［＊3］**ジャン＝ジャック・ルソー**＝（1712－1778）フランスを代表する思想家にして小説家・音楽家。その思想はカントやヘーゲルに受け継がれた。日本においては中江兆民も翻訳した『社会契約論』が有名だが、文学における『告白録』は島崎藤村に影響を与えたことで知られる。教育界における『エミール』の影響は今なお計りしれない。

［＊4］**寺山修司**＝（1935－1983）詩人・劇作家。作品は過激な表現のなかに、思春期・青春期の若者に家出や反俗を通して自立を呼びかけるメッセージが強く、現在に続く日本のアングラ文化の潮流を作った。代表作に『空には本』『書を捨てよ、街へ出よう』『家出のすすめ』など。

［＊5］**ブルーナー**＝（1915－2016）アメリカを代表する発達心理学者で教育学者。人の行動は刺激に対する反応であるという行動主義を批判し、知覚や言語を介した意味構築・社会や文化との相互交渉とナラティブなど主体的な認知活動を重視する

認知主義を打ち立てた。主著に『教育の過程』『意味の復権』『教育という文化』など。

［＊6］**間主観性**＝哲学、とりわけフッサール現象学の用語。主語が「われわれ」であるような、複数に共有されている主観性のこと。主観よりも客観的で、客観よりも主観的な状態。相互主観性ともいう。ブルーナーは、教育における間主観性は、他者の心を推し量るという意味があるとして「文化心理学」を提唱した。

［＊7］**チャールズ・パース**＝（1839-1914）アメリカの哲学・論理学者で物理学者。観念とは、対象にとって有用な結果をもたらすかどうかに価値を置くプラグマティズムの樹立者。現代アメリカの代表的哲学であり、「その観念が役に立つならば真理」という解釈が浸透している。発見を目指すためには「演繹」「帰納」という論証ではなく仮説定義的な「アブダクション」が必要だと説いた。

［＊8］**ジョージ・ハーバード・ミード**＝（1863-1931）アメリカの哲学者で社会心理学者。精神や自我は言語などの有意味なシンボルによる社会的交渉から生まれるという社会的行動主義を提唱した。主著に『精神・自我・社会』など。

［＊9］**マルティン・ハイデガー**＝（1889-1976）ドイツを代表する現代哲学者。人間は現存在であり時間性であると捉える実存哲学を展開、公共的な生活に埋没し、周囲に合わせ、時間を潰しながら生きる主体性のない人間を「ダス・マン」と表現し、それは運命に逆らって生きることだと批判した。主著に『存在と時間』『形而上学とは何か』など。

［＊10］**インプロ**＝インプロビゼーションの略。楽譜やメモによらない即興演奏のこと。即興とはいえ完全に自由なのではなく、既存の楽曲や音楽のパターンとなんらかの形で潜在的には結びついているという視点がポイント。

［＊11］**ファシリテーション**＝もともとの意味は「簡易化」や「促進」する方法や媒介を指す。教育においては、グループワークなどが円滑に進むように支援すること。議論の場合は中立な立場であることが求められる。

エンディングダイアログ

【対談】新時代の教育に向けて

矢萩 さて、いよいよ僕らの今回の探究もここでひと段落です。振り返りつつ、対話で深めていきたいと思います。よろしくお願いします。

石川 いやあ、なかなか実のあるプロジェクトになりましたね。それにしても、矢萩さんは対話にこだわるよね。その辺りの哲学や意図は、やっぱり構造的なところ？

矢萩 そうですね。特に今回は「主体的・対話的で深い学び」というものを実践するためにどうしたら良いかって話ですから、それは僕らが主体的で対話的な探究を体現すること自体に意味があると思っています。そもそも、対話のなかでしか対話という構造は伝わらないですし、場の論理も、間主観性もそうですが、ひとりで書いていたら成り立たないんですよ。

石川 まずはやってみせるというのも教育の基本だよね。あとは、できなくてもやろうとすることも大事だな。教師ができることだけをやろうとするから、しつけとか知識技術とかって話になる。その部分だけで出来、不出来を評価していたら、やっぱり世の中じゃ通用しないよね。

学校教育のカリキュラムがカバーできない領域

石川 僕のパートでも書いたけど、多様な幼児教育のあとに入った先が、急にしつけになるじゃないですか。集団行動と、目的を持って頑張る、ようするにテストとか締め切りに向けて頑張る、このふたつが叩き込まれる。
確かにそういうことは人生のなかでどこかで学んだほういいとは思うし、それをみんなでやらなきゃいけないということもあっていいけど、それが6年間引っ張られていく。このことについてどうですか?

矢萩 僕が感じているのは、そもそも発達段階がみんな違うという大前提があること、月齢だけでなく成長の仕方が違う。あとは非言語的なものとか、方法的なものをどうやって獲得するのか。獲得しやすい方法も厳密には個性があると思うんですね。
石川さんも脳の話で触れていましたが、生まれながらにしてどちらが得意ということはないかもしれませんが、どちらが好きとか、どのような経験をしたのかで変わっていく。たとえば、遊びのなかでわかっていくとか、友だちとけんかしたり、仲良くしたりするなかで葛藤したり獲得する、あるいは先生との対話のなかでモヤモヤしたり腹落ちしたりする。その組み合わせで成長が変わっていく。そういう前提が教育の存在意義ですよね。

石川 野原で遊び回ってたほうが獲得できる子もいれば、小学校受験の行動観察に向けた学びみたいなことのなかから成長することも考えられるということだよね。それが、小学校に入った途端に画一的になっちゃうわけだ。

矢萩 結局、相性とかやってみなきゃわからない部分がたくさんある。一様なカリキュラムで、みんなが同じように成長できるわけじゃないということは確実に言えると思うんです。それを最大公約数的に、それでもやっていこうというのが学校教育のカリキュラムだと思うんですね。そうやって抽象化して一般化したカリキュラムは、どうしても過程や結果を想定しやすい知識や技能の部分に偏ってしまう。想定が難しい部分は、今まで切り捨てられてきたんだと思います。

僕が考えてるのは、そもそもそういう部分はカリキュラムというスタイルに向いていないのだから、教師が主体性を担って良くて、「自分はこう思うから、こういう教育をします」というそれぞれの個性とか持ち味の部分でやっていかないといけない。それで、カリキュラムでは拾われなかった何人かの生徒が拾われればいいと思うんです。「この先生の授業を受けたら、やる気になった」という話って、いまだにいっぱいあるじゃないですか。火がついたとか、わからなかったものがわかるようになった。それはなぜかと考えても、言語化できないみたいな。

もっと多くの先生が堂々と「自分はこう」というのを出せるようになればいい。クラスのなかの何パーセントかは、それでハマれば良し。もしハマらなかったら、ほかの学校でもいいし、予備校とか民間教育でもいいし、はたまた遊び続けるでもいいし。学校のなかで多様性に対応できる必要はなくて、狭まらなければいいと思っているんですよ。

石川　完全に狭めてるよね。僕が思うのは、6年間という区切り方がどうなんだろうってこと。小学校の低学年は、しつけが中心でもある程度いいかなと思うんだけど、やっぱり高学年はもったいないよね。知的好奇心がかなりあって、ＰＢＬや探究というのに向かいやすいから、やらせちゃえばいいと思う。

正直なところ、行事なんか最低限にして、もっと知的好奇心を満たすような勉強をさせればいいと思うんだよね。たとえば、中学受験なんて良い問題がたくさんあるじゃない。そういう問題と向き合って楽しい子って、いるわけなんだよね。中学受験というのは、知的難民にとっては受け皿だよね。でも、学校の先生はそういうことは言わない。みんな、あの黄金の4年間ぐらいの時期に、子どもたちに従順になれ、という指導を続けて、忖度人間を作る。

一方で私立中学のほうも思考停止というか、トレーニング主義の学校がはびこってポジション取っちゃう。これが困りもの。

「トロッコ問題」的な問題

矢萩　先生たちも縛りというものを感じているし、「自由にできない」という声ってすごく聞くじゃないですか。僕がまず問いたいのは、「自由にできたら、先生たちどうしますか?」ということ。そこに向き合ってほしい。そのあとで構造と折り合いをつけられるか考えればいい。

石川　でも「そうは言っても、カリキュラムがあるから自由にできないんですよ」ってなる。確かに学校である以上、やらなければいけないことは、ゼロにはならない。だけどそのなかで、優先順位ややり方を動かしていくのは、教師の裁量で実はできることじゃないですか。やってる先生は勝手にやってる。

矢萩　やってますね。でもそれが横並び的になっていって、お互いチェック、監視的になって、うちのクラスは遅れてる、遅れてないみたいな話になっていっちゃう。

もちろん保護者からそういうクレームが来たりもすると思うんです。

先日話題になった、トロッコ問題を扱って問題になった小学校もそうですけど、そういう反応は想定しておいていいと思う。だけど覚悟をもって、「僕はこの学びが必要だと思ったので、こういうふうにやったんです」ということを、堂々と説明できるかどうかの問題だったりするじゃないですか。あれって単純に、合意形成ができてなかったという話だったと思うんです。あるいはちょっと面白いと思って深い哲学もないままやっちゃったとか、生徒に意図が伝えられていなかったという話だと思うんですよ。どちらにしても全然解決できる問題で、トロッコ問題を扱うか否かという話ではなかったと推測できるわけです。

【「トロッコ問題」】

トロッコはこのままでは５人が線路上に横たわっている道を進む。あなたがレバーを引けば１人が横たわっているだけの道になる。トロッコにブレーキはついていない。あなたはレバーを引きますか、そのままにしますか。以下から選びなさい。

Ａ：何もせずに５人が死ぬ運命
Ｂ：自分でレバーを引いて１人が死ぬ運命

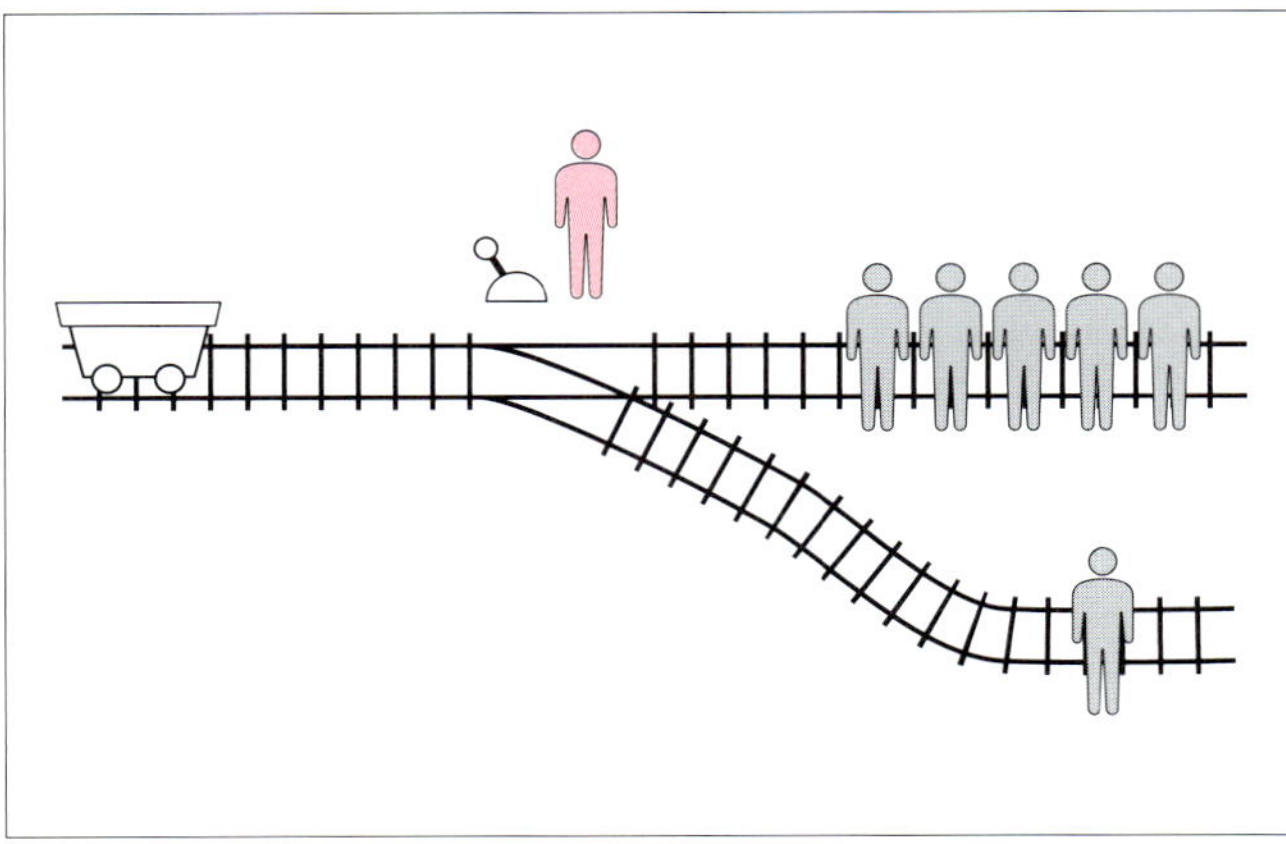

Twitter上では「ポイントを“中立”の状態にすればトロッコはすぐ脱線して止まり、全ての作業員を助ける事が出来ます！」という「誰も死なせずに解決する」という第3の回答が提示され、話題となった

でも先生たちの反応ってそうではなかったじゃないですか。「こんなこともできないんじゃ……」みたいになっちゃってたじゃないですか。学校改革の視点でいえば、構造の欠陥を見つけることも当然大事だけれども、構造じゃない部分にも問題は当然あるわけで、それらは両輪で変えていかないといけない。「小1だからやる」とか、「小1だからやらない」とか、「2分の1成人式、やる意味があるの？」となったときに、「私はあると思うんです。なぜなら……」というのがある先生はやればいい。ちゃんとそれを伝えたうえで、もし反対意見や不安があれば、話し合えばいい。「なんだかわからないけど、やることになってるからやる」がいちばんダメ。そこが僕はむしろ、いちばん足りなかった部分だと思います。カリキュラムのせいにしすぎ。主体的でも対話的でもない。

石川 そういうことか。みんな主体的に教えないから、カリキュラムとか、横並びとか、保護者がどう言うとか、そっちに依拠していっちゃうわけね。トロッコ問題と一緒だな。

先生たちも、納得しないでやっているから主体的になれないし、不満やストレスになるんだよね。納得できずにやらなくて良いことはやらなければ良いし、自分で全部消化するという覚悟があれば、人と違うことをやるのもアリってことだね。

矢萩 それがわかったうえで、カリキュラムを変えていこうとか、沿っていこうという話になると思うんですね。

石川 まずどこまでがカリキュラムが負うことなのか、境界や抽象度について合意する必要があります。それができていないから、うまくいかなかったら、カリキュラムのせいにしちゃう。でも主体的にやらないのも、「カリキュラムがあるからです」と言えちゃう。教師に主体性がない限りにおいて、主体性のある生徒を育てられるのかという、根本のジレンマがあるわけです。探究と同じで。いかに両立していくのか。カリキュラムは大事、だけど先生の主体性も大事。そういう葛藤にしっかり向き合ってこそ、ひとりの大人として生徒の目の前に立つ意味があると思うんです。

矢萩 つまり教えることを、編集できる能力がないってことだよね。

石川 あるいは編集していい、編集できるという発想がないんだと思います。現実問題、そのレベルの先生があまりいないのかなと思って、今までちょっと避けてきたんだけど、ようは「そんなこと言ったって、できない」みたいな。でもそこ

矢萩　はやっぱり求めるべきだよね。0か1かじゃないので、今までそういう視点を持てる度が1だった先生が、2になればいいんですよ。いきなり10になってほしいのではなくて、底上げってそういうことだと思う。「なるほどね、そういう考えも今の時代だったらあるね」と思ってもらうだけでも、十分前進だし、救われる生徒がいると思います。

「学びに向かう力」とは何か？

石川　今回の改革で捉えにくい文言に「学びに向かう力」っていうのがあるけれど、矢萩さんはどう捉えているの？

矢萩　僕はブルーム・タキソノミーは、先人たちが考えてきたそれまでの学びというものをちゃんと総括できていたと思うし、同時に移り変わる時代に対しての先見の明もあった有用なモデルだったと思うんですけども、あれをやっぱり改善というかアップデートというか、時代や現場に合わせてアダプトしていかないといけないなと思っていて、結局、「学びに向かう力」っていうのが何なのかっていったら、いちばん上の「価値」つまり、「自己決定能力」があるかどうかだと思うんですね。それは面白いからやろう、とか、役に立つと思うからやろうとか。で、その「自己決定能力」が実はいちばん上でありながら、いちばん下でもなければいけないと思うんですよ。その価値づけや意味づけが、クリティカルかどうかはおいておいて、とりあえず「興味がある、だからやってみよう」っていう内的モチベーションが「学びに向かう力」で、それらは螺旋構造というか、ぐるぐる回るものだと思うんですよね。あれっていちばん上が自己決定力で、いちばん下が知識っていうことではないと思うんで。回しているうちに、だんだん思考や経験が良質になって洗練されていくみたいな。

石川　そうだね。ずっと回ってなきゃって思う。どこまで行っても途中に戻ったり、元に戻ったりってね。昔からの先生たちって、「君のためだぞ」「今やっておかないとろくな人間にならないぞ」っていう外圧というかプレッシャーをかける。それも「学びに向かう力」だと本気で思っていたりする。でも、そもそも外側から関心・意欲・態度なんて評価できないというか、評価するものなの？　って話じゃないですか。

矢萩

僕はやっぱり、知らないことを知る楽しみとか、喜びとか、それを組み立てていく楽しみとか苦しみとか、学問をすること自体が「学びに向かう力」になると思う。本来はね、やっぱり知的好奇心とか、それを組み合わせていくものであってほしい。たくさん知識を得てほしいし、それが活用する力にもつながっていると思う。もちろん苦しさも伴うんだけど。

それって探究学習でいうところの「興味開発［＊1］」「能力開発」っていうものが、分けられて考えられている問題と似ていて、「両方やっています」っていう話を僕がすると、「何言ってるんだ?」ってなりがち。ようは、面白いなって思ったから興味を持って、やってるうちに能力が開発されていくっていうのが、今の探究学習の流れなんですけれども、一方で僕はずっと受験指導だとかも同時にやっていくなかで、できるようになったから、面白いと思って興味を初めて持ったっていう生徒たちもたくさん見てきたし、自分もある部分ではそうだったと思うんですよね。できないときは辛かったけれども、できるようになってきたらめっちゃ面白くなってきたっていうこととか、そのふたつが実は両輪であるのと同じように、ブルーム・タキソノミーも実は車輪というかリングというか、そういう捉え方をするといいんじゃないかなって。

石川　やっぱりもうひとつはさ、「ロジカル」と「メンタル」も両輪で回ってると思うんだよね。

共感が先か共振が先かっていうようなことはたくさんある。分断はできない。共感して触れることもあれば、触れて共感することもある。そこから共鳴したり共振が起こったり。ロジカルだけじゃ人間は突き詰めていかないと思うんですよね。メンタルの部分も回り始めて、ようやく進む。

矢萩　「Love & Logic」は一時期僕のスローガンでした（笑）。分けてしまうと冷たい印象があるし、なによりロジックというシステムは、エネルギーを注がなければ動かないものですからね。そういう意味で、「モデル化」や「フレーム化」ってとっかかりじゃないですか。入り口でしかないと思うんですよね。そもそも抽象的なものだから、そのモデルで1～10までやろうとするのは難しいし、仮に優秀なモデルがあってそれができたとしても、すごくデジタルなものになってしまう。だからモデルを通して現場を眺めてみて、こういう切り口で物を見ると、なるほど、こうなるのかってところから、その先は実際にやってみて、身体や場からのフィードバックだったりとか、身体知や暗黙知がぐるぐる回っているなかで行ったり来たりしながら螺旋状に進んでいく。この本も、そういうふうに捉えてもらえればいいなと思っています。

世の中と学校の現場との「温度差」

石川 今回の教育改革って学校の反応とかをよそに置いておけば、世の中的には、至極当たり前の話から来てるよね。

矢萩 そうですね。結局社会が変わっていったっていう認識から、このままじゃ「生きる力」が云々っていう話になっただけですよね。ようは教育業界において戦後が終わったっていうだけの話ですよね。

石川 そうだと思う。戦後を支えてきた日本株式会社体制。あれに役に立つ教育スタイルは昭和で終わりにして良かったのに、平成にもまだ残っちゃっていただけってことだよね。

企業のほうが先に変化にさらされて、IT化やらグローバル化やらなんやらって働き方を20年ぐらいかけて改革して慣らしてきたわけです。それで、いよいよ学校も「変わらないとあかん」と言われた。しかも「一気に数年で変わってくれ」と。社会からしたらごく自然な流れで学校にも「変わんなさいよ」って言ってきてるのだけど、教育界は今までずっと戦後と同じようにやってきていたわけ。朝のニュースとかで「世の中的には教育改革が必要だよね」っていう話が普通に取り上げられてて、教育関係者以外は、「まあそうだよね」って見てる。でも学校現場からすると、「?」みたいな。「なんでそんな変わらないといけないの?」みたいな。この温度差。

矢萩 その温度差のいちばんの原因は何だと思われますか?

石川 温度差のいちばんの原因は、学校の先生が世の中的に生きてないっていうことなんじゃないかな?

矢萩 つまり現代社会の流れに乗っていなくても生きていくことができる特殊な世界だったっていうことですよね。それは教育以外の仕事に携わると、如実に感じるところです。

たとえば、どんなに生徒から不評であっても、1年乗り切ることができれば生徒が入れ替わっていきます。これが教育界の特殊性を象徴している構造のひとつだと思います。だから、何十年にわたって不評の教師が現場に存在できてしまう。別の業種だったらあり得ないですよ。再教育か、少なくとも現場を外される。ただそれは、そのままポジティブに捉えることもできて、覚悟と主体性を持って授業を編集していくことが可能だということでもあると思います。

石川　やるべきことは、ネガティブな部分は対策して、ポジティブな部分は活用することです。今は逆になっている。ネガティブは放置で、ポジティブは推進されていない。なるほどな。たしかに、先生たちは本質的には変わらないままずーっと行っちゃうことが多いよね。行けちゃうってことだ。でもこれから先は難しいよね。変わらざるを得ない。社会とのズレがそろそろ限界かな。

矢萩　僕自身、パラレルに動いていることは、今はすごく自然だと感じていますし、もっと早くこの流れが来てても良かったんじゃないかと。もちろん徐々に始まってはいたじゃないですか。入試とか関係なくこういう学びが大事だって。たとえば探究型に関しても20年以上前から、炭谷（俊樹）さんも僕も始めていて、でも全然認知されていなかったというか、ようやく時代に教育が追いついた感があるんですよ。

僕も炭谷さんもきっかけは1995年なんです。阪神淡路大震災があって、地下鉄サリン事件があって、Windows95が登場した。その流れのなかで、自然に探究的な学びを実践することに意味を感じたわけです。

「ゆとり教育」の功罪

石川 そこだと思う。何か今、矢萩さんの話を聞いてピンときたんだけど、ようはさ、何か今まで知らなかったことを知る喜びとか、教える喜びっていうか、世の中のいろいろなことを子どもたちに伝える喜びをもって、それで勝負してるよね。やらねばならぬからじゃなくて、こういうのは知ってると、こういうのがあって面白いんだぞっていうスタンスじゃないですか？　これが今の学校の先生にはないんじゃない？
昭和時代のまだ牧歌的な教育のころは、学校ではあまり大学入試とか考えずに、そ

うい う対策は学校ではあまり扱わないから塾へ行ってくださいっていう感もあって。そういうアバウトなころはそんなにテストテストっていうこともなくて、もちろんそういう人もいたけど、もっと教養的に取り組んでる先生が多かった気がするんですよ。

それがやっぱりここ20~30年の間に、大学を意識して、予備校と学校の境目があまりなくなってきちゃった。それで、結果を出さないといけないということになっちゃってる。

矢萩 なんていうかな、アカデミックとまではいかなくても、なんかね、「こんなこともあるんだよ」っていうことを伝えようっていうマインドが学校からなくなっちゃっている。もっとはっきりいえば、無駄な物と思われちゃっている。

「教養なんて雑学」とか「哲学で飯が食えるか」とか、僕も散々言われてきました。でも実際、面白かったんですよね。そういうことを知ったり考えたりすることが。教師になってからも「テストに出ないことばかりやって責任取れるのか」とか言われて。「じゃあテストに出ることばかりやって責任取れるのかよ」って(笑)。

石川 「意味あるの?」っていう話だよね。極端に言っちゃうと。

たとえば、一時期あった世界史や情報の「未履修問題［＊2］」も、結局はいろいろなことを知っていたほうがいいっていう学習指導要領だったのに、「生徒の進路希望実現のため」「大学受験対策のため」に入試科目を優先してやればいいじゃんっていう話になっちゃったんだよね。そっちのほうが「意味がある」と。

矢萩 どうしてそういう感覚がスタンダードになっちゃったんだと思いますか？

石川 2000年前後にいわゆる「ゆとり教育」が出てきたときに、期待感が多少あったとは思うんだけど、あの時に逆の方向に行っちゃった。

今回の改革とも本質的には似ていたんだけれど、そういう議論もあまりされなかった。学校や教師の裁量に任せられたので、現場の教師はゆとり教育のやり方がわからず混乱してしまった。

それで例の日能研の「3・14が3になる」「さよなら台形君」などのネガティブキャンペーンもあって、ゆとりに対する批判的な意見が優勢になって、ほとんどの私立が大学受験に向けた方針を強化することになってしまった。あの流れで心が刺されちゃったんだと思う。あそこではっきり白黒ついちゃったかなっていう感じ。

矢萩 なるほど。少子化の流れで、私立や塾業界にとっては生徒集めの戦略として「ゆとり批判」は合理的だったわけですね。しかも、今ほど社会情勢や環境の変化のスピードを実感できていなかったから、エビデンスも提示できず、ゆとりの必要性がうまく説明できなかった。

でも、ゆとりの意義を自分なりに理解して、活動していた人たちはいましたよね。探究もそうですが。

石川 あのとき、ゆとり教育の理念を実現しようと頑張って、きちっと総合学習を作った人たちっていうのが、今、いろいろな現場で元気にやっている。ゆとり教育を受けた世代も、教育現場に入ってきて今までにない視点で活躍し始めています。

まあ先生たちの気持ちも良くわかるんですよね。あのときにバサッとやられて、でも真面目に総合やってるオタクみたいな人がいるわけです。で、「アイツまた勝手なことやってる」とかいうふうに言われるわけ。

やっぱり進学実績を出さなきゃいけない呪縛にどこも憑りつかれていて、定期テストがあって、その結果、モンスターペアレントじゃないけど、保護者からもかなり追及されるような形。だから、ようは自分たちが悪いっていうよりも、「生徒とか保護者のニーズに合わせてやれ」って学校に言われたわけじゃないですか。

矢萩

そうしたら、今度は、「いや、世の中の役に立たなきゃだめだ」って。ニーズに合わせたら、それがニーズに合ってないって言われちゃってるから、それは悲劇だよね。そういうなかで、僕は石川さんとか、麹町中学校の工藤（勇一）さんもそうですが、とても希望的だと思っているんです。

僕は、ずっとひとつの場所で教育のキャリアしかなかったら、なかなか視点を越境させたり、編集したり、統合したりという改革に必要な感覚を持つことは難しいんじゃないかと思っていたんですね。だからこそ、自分はいろいろなところに出て行ってパラレルに活動することを実践しているんですけれども。

でも、石川さんや工藤さんは、ずっと学校現場にいたわけじゃないですか。それでもこれだけ構造をメタ認知したうえで、戦略的に具体的な活動をされてる先生が存在するっていうのは、僕にとっては衝撃的だったんですよ。

ゆとり世代の先生たちの感覚や活動も合わせて、一気に教育改革、とりわけ一条校の改革に関して現実味が出てきたように感じます。僕みたいなやり方っていうのは誰にでもお勧めできるものではないですし、なにより相性もあるので、今現場で専任をやってる先生に「パラレルキャリアで行きましょう」って言っても、たぶんそれはいろいろな意味で難しいじゃないですか。でも、学校現場に軸足を置きながら、そういう視点を得て実際に活動していくロールモデルとして石川さんや工藤さんの活動はとても貴重だと思います。もちろん、民間校長やパラレルな活動家との連携、ミドルアウトマネージャーの設置などはさらに進めていきたいところですが。

石川　今、自分にどんな役割があるかなって考えてみると、炭谷さんのラーンネットみたいに自分で学校を作っちゃうっていうのがひとつあります。ただ、その労力とか、資本とかコネクションづくりとか、そっち側に自分の力を使うよりは、さまざまな学校現場に張り込んで、多くの先生たちに、こういうことを語っていくとか、カリキュラム・マネージャーみたいに関わるとか、そのほうが現実的かな。オープニングでした話に戻っちゃうけど、現場の先生たちを救済したいというのがやっぱり大きい。

矢萩　現場の先生たちを救済することは本質的ですし、結果として生徒たちのためになりますからね。
現場に関わり続けることは、教育においていちばん大事だと思います。教育こそ教師が陽明学［＊3］的に知行合一をしていきたいですし、生徒にそういう背中を見せ、ともに成長している場づくりを目指していきたいですね。

NOTE

［＊1］**興味開発**＝従来型の能力開発に対して、探究型の学びを説明するために使用される造語。この言葉を広めた探究学舎の宝槻泰伸氏は「わあ！　すごい！」という言葉を子どもたちから引き出すことだとしている。

［＊2］**未履修問題**＝1999年以降、進学実績を重視するあまり、学習指導要領において必履修科目だった世界史や情報、家庭科や芸術などを履修させずに、裏カリキュラムなどを採用していたことが次々に発覚、計600校以上、公立高校の約8パーセント、私立高校の約20パーセントで単位不足が発覚し、8万人を超える生徒が単位不足に直面したが、超法規的措置により救済された。

［＊3］**陽明学**＝明の王陽明が確立した儒学の一派。当時主流だった朱子学は、分析的で二元論的な性質のため、外面的で形式的な行動規範を重視する傾向があったが、陽明学では、それよりも個人の心の主体性を重視すべきとした。「知行合一」は陽明学を象徴するスローガンであり、知ることと行なうことであり、同時に行なうことは知ることであるという経験や実践のなかで体得するのが真の知であるとした。日本においては中江藤樹に引き継がれ、大塩平八郎や吉田松陰、西郷隆盛らに影響を与えた。

おわりに

世界一の寿司屋と言われている、大阪弁天町にある「すし活」のカウンターで矢萩さんと出会いました。ふた回りは若く見えるイケメンの好青年。まったく違う世界で生きている若者なんだろうな、と思いつつ、美味しい魚とお酒でほろ酔いながら話をしていくと、教育に大変造形深く、正直とても驚きました。パラレルキャリアで多彩な彼の教育論は、俯瞰した視点を持ち、本質的でもありました。

「今の教育改革の状況をどう思う？」

この「問い」に対する思いが、結実してこの本となりました。ベテランの私が感覚的に、若者の矢萩さんが理論的に、と本来の年齢的には逆なのかなと思いつつ（笑）、そんな役割分担になっています。今回、前3冊と比べて、かなり踏み込ませていただきました。若者言葉を借りれば、教育現場で頑張っている教師を「ｄｉｓる」ような内容もあるかもしれません。若者が幸せに未来を生きて行ってほしいという思いからきた問題提起の書である、ということで、ご容赦いただければ幸いです。

この本を書くにあたり、洋泉社の小塩さんをはじめ多くの方にお世話になりました。紙面を借りて御礼申し上げます。最後に、いつも支えてくれる妻の美恵に感謝の気持ちを心から贈りたいと思います。

石川一郎

実は、現場こそ改革の可能性に満ちています。まず生徒と直接対話ができる。情報や方法を、非言語的なことまでを、「いま、ここ」で共有できる。教育にとって、それは起点でもあり、同時に目的でもあります。近代の先へ駒を進めるためには、一人ひとりの意識が前進する必要があります。少しずつでも前進可能なことを認知して、アップデートの実感を得ること。それは、現場だからできることです。構造に問題があることは間違いありません。しかし、すべて構造のせいにしていては前には進みません。まずは自分だけでも前進しようとする姿勢が、生徒たちだけでなく関わる大人にも火を点けます。

この本は、これから新しい「学び」に向かおうとするみなさんが枝葉を伸ばすヒントになることを願って、僕自身が教育界で実践してきた探究のログを構造的にシェアできないかというアイデアを形にしようとしたものです。石川さんと出会い、ここから教育改革の波を起こせれば面白いですね、と語ってから約1年。その間に、何度かのイベントを経て、今回の出版に至りました。微力かもしれませんが、具体的に活動を重ねて「経験」として落とし込んでいくことは、探究的であり、学びの本質です。

ものを作りながら身体的に学んでいくことは、ピアジェの思想を引き継いでアップデートしたシーモア・パパートが提唱した構築主義の中核にある概念ですが、彼はそのような学びの効果は生涯続くといいました。本書を作る過程で、実際に計画を立て、対話・執筆・編集をしながら今までの自分の教育を振り返るという経験は、まさにデューイの目指した「探究」であり、これからの時代に必要な「学び」を再認識することができました。本書は「対話」であり「過程」であり「仮留め」の「編集」であり、それがそのまま「学び」の「構造」であることを、本という「メディア」に託して「シェア」していこうという「挑戦」です。ここまで読んで下さった皆様と、それぞれの現場で、あるいはどこかで交わりながら、ともに学び、楽しみ、成長していくような近未来を描ければ幸いです。

この本を作るにあたり、師匠である編集工学研究所の松岡正剛氏、場の研究所の清水博氏の思想や方法に多大なる影響を頂きました。また、ラーンネット・グローバルスクール代表の炭谷俊樹氏、知窓学舎横浜校教室長の前田圭介氏、人工知能研究者である松田雄馬氏をはじめ、知窓学舎の講師スタッフにも多大なるご支援を頂きました。石川さんと出会うきっかけを頂いた映画監督の古新舜さん、企画段階から自由に書かせて頂きフォローしてくださった洋泉社の小塩隆之さん、妻こゆき、長男月博にも併せて感謝の意を表します。

矢萩邦彦

ドネラ・H・メドウズ **『システム思考をはじめてみよう』**	（英知出版）
ロジェ・カイヨワ **『遊びと人間』**	（講談社）
すごろくや **『大人が楽しい紙ペンゲーム30選』**	（スモール出版）
浅田彰 **『構造と力――記号論を超えて』**	（勁草書房）
ユヴァル・ノア・ハラリ **『サピエンス全史』**	（河出書房新社）

【編集と対話】

平田オリザ **『わかりあえないことから ――コミュニケーション能力とは何か』**	（講談社）
ランドール・マンロー **『ホワット・イズ・ディス？ ：むずかしいことをシンプルに言ってみた』**	（早川書房）
松岡正剛 **『知の編集術』**	（講談社）
P・F・ドラッカー **『プロフェッショナルの条件 ――いかに成果をあげ、成長するか』**	（ダイヤモンド社）
三木清 **『人生論ノート』**	（新潮文庫）
岡本太郎 **『自分の中に毒を持て』**	（青春文庫）
パウロ・コエーリョ **『アルケミスト』**	（角川文庫）

これからの「学び」に向かうKeyBooks21冊

ここでは、本書に共感して下さった方に是非読んで頂きたい書籍のなかから、いわゆる教育書ではなく、かつ本編で触れなかったものを紹介したいと思います。比較的手に入りやすく読みやすいものを選びましたので、ぜひ読書経験に加えて頂ければ幸いです。

【論理と思考】

マリリン・バーンズ **『考える練習をしよう』**	(晶文社)
ヨシタケシンスケ **『りんごかもしれない』**	(ブロンズ新社)
ダイヤグラムグループ **『じょうずなワニのつかまえ方(21世紀版)』**	(主婦の友社)
安野光雅 **『はじめてであうすうがくの絵本』**	(福音館書店)
ルイス・キャロル **『不思議の国のアリス』**	(角川文庫)
野矢茂樹 **『大人のための国語ゼミ』**	(筑摩書房)
外山滋比古 **『思考の整理学』**	(ちくま文庫)

【科学と構造】

レイチェル・カーソン **『センス・オブ・ワンダー』**	(新潮社)
かこさとし **『科学者の目』**	(童心社)

【参考文献】

●マシュー・リップマン『探求の共同体　考えるための教室』（玉川大学出版部）
●今井むつみ『学びとは何か：〈探究人〉になるために』（岩波新書）
●佐藤学・ワタリウム美術館編『驚くべき学びの世界――レッジョ・エミリアの幼児教育』（東京カレンダー）
●ピーター・M・センゲ他『学習する学校』（英知出版）
●アンドレアス・シュライヒャー『教育のワールドクラス：21世紀の学校システムをつくる』（明石書店）
●P.グリフィン，B．マクゴー，E．ケア編『21世紀型スキル』（北大路書房）
●西岡加名恵・石井英真・田中耕治編『新しい教育評価入門』（有斐閣コンパクト）
●勝野正章・庄井良信『問いからはじめる教育学』（有斐閣ストゥディア）
●苅谷剛彦・石澤麻子『教え学ぶ技術：問いをいかに編集するのか』（ちくま新書）
●マイケル・B・ホーン＋ヘザー・ステイカー『ブレンディッド・ラーニングの衝撃：「個別カリキュラム×生徒主導×達成度基準」を実現したアメリカの教育革命』（教育開発研究所）
●C.A.トムリンソン『ようこそ、一人ひとりをいかす教室へ：「違い」を力に変える学び方・教え方』（北大路書房）
●ジョン・デューイ『経験と教育』（講談社学術文庫）
●小針誠『アクティブラーニング：学校教育の理想と現実』（講談社現代新書）
●今井康雄『教育思想史』（有斐閣アルマ）
●木村元『学校の戦後史』（岩波新書）
●中村高康『暴走する能力主義：教育と現代社会の病理』（ちくま新書）
●松岡亮二『教育格差：階層・地域・学歴』（ちくま新書）
●苫野一徳・リヒテルズ直子『公教育をイチから考えよう』（日本評論社）
●山内祐平編『デジタル教材の教育学』（東京大学出版会）
●クレイトン・クリステンセンほか『教育×破壊的イノベーション：教育現場を抜本的に変革する』（翔泳社）
●広田照幸『教育改革のやめ方：考える教師、頼れる行政のための視点』（岩波書店）

石川一郎

……いしかわ・いちろう……

聖ドミニコ学園カリキュラム・マネージャー、香里ヌヴェール学院学院長、前かえつ有明中・高等学校校長。1962年東京都出身。父親の転勤にともない、アメリカ合衆国のニューヨークで学んだ帰国子女。帰国後、暁星学園に小学校4年生から9年間学び、85年早稲田大学教育学部社会学科地理歴史専修卒業。国内外の複数の学校での教育経験を積みながら、「未来からの留学生」に対する教育とは何かを考え続ける。現在は、聖ドミニコ学園のカリキュラム・マネージャーを担いながら、複数の学校にて教育改革のアドバイザーを行っている。全国各地で講演会や研修も行いながら、現場教師や教育関係者と未来の教育の形を模索する。著書に『2020年の大学入試問題』(講談社現代新書)、『2020年からの教師問題』(ベスト新書)、『2020年からの新しい学力』(SB新書)がある。

矢萩邦彦

……やはぎ・くにひこ……

実践教育ジャーナリスト、知窓学舎塾長、株式会社スタディオアフタモード代表取締役CEO、教養の未来研究所所長、一般社団法人リベラルコンサルティング協議会理事。探究型学習・想像力教育・パラレルキャリアの第一人者。24年間、15000人を超える直接指導経験を活かし「探究×受験」をコンセプトにした統合型学習塾『知窓学舎』を運営、「現場で授業を担当し続けること」をモットーに学校・民間を問わず多様な教育現場で出張授業・講演・研修・監修顧問などを展開している。一つの専門分野では得にくい視点と技術の越境統合を探究する活動スタイルについて、編集工学の提唱者・松岡正剛より、日本初の称号「アルスコンビネーター」を付与されている。「Yahoo!ニュース」個人オーサー。LEGO® SERIOUS PLAY®メソッドと教材活用トレーニング修了認定ファシリテータ。 国家資格キャリアコンサルタント。Learnnet Edge 探究ナビゲータ・カリキュラムマネージャー。グローバルビジネス学会所属。編著書に『中学受験を考えたときに読む本』(洋泉社)、メディア出演は『めざましテレビ』『サンデージャポン』他多数。

新書y 334

先生、この「問題」教えられますか?

教育改革時代の学びの教科書

発行日　2019年12月16日　初版発行

著　者　石川一郎　矢萩邦彦

発行人　江澤隆志

発行所　株式会社洋泉社
〒170-0013　東京都豊島区東池袋5-44-15
電話番号　03-5956-1222（代）
https://www.yosensha.co.jp

印刷・製本　サンケイ総合印刷株式会社

フォーマット　菊地信義

装　丁　長久雅行

本書の無断転載・複製・放送を禁じます。
落丁・乱丁本はお取り替えいたします。
©Ishikawa Ichiro,Yahagi Kunihiko 2019 Printed in Japan
ISBN978-4-8003-1689-9